BuddhAll

BuddhAll.

All is Buddha.

BuddhAll

密乘寶海
04

密宗修行要旨

總攝密法的根本要義

洪啓嵩 著

詳細解說密法的修行心要

密法從諸佛自心本具的法界體性中流出，是實踐究竟實相，讓修行者即證佛果的法門。

本書能使密教行者迅速掌握廣大繁複的密法心要，了解密法的現起與修行次第，進而總持密法的要旨，體悟甚深無相的密宗心要。

出版緣起

密法是實踐究竟實相，圓滿無上菩提，讓修行者疾證佛果的法門。

密法從諸佛自心本具的法界體性中流出，出現了莊嚴祕密的本誓妙法，以清淨的現觀，展現出無盡圓妙的法界眾相。

因此，密法的修持是從法界萬象中，體悟其絕對的象徵內義，並從這些外相的表徵、標幟中，現起如同法界實相的現觀。再依據如實的現觀清淨自心，了悟自心即是如來的祕密莊嚴。

從自心清淨莊嚴中，祕密受用諸佛三密加持，如實體悟自身的身、語、意與諸佛不二。依此不二的密意實相，自心圓具法界體性，而疾證佛果，現起諸佛的廣大妙用。

「若人求佛慧，通達菩提心；

父母所生身，速證大覺位。」

這是《金剛頂瑜伽中發阿耨多羅三藐三菩提心論》中所說的話，也是真言密教行者，修證所依止的根本方向。我們由這首偈頌，當能體會密教法中「即身成佛」的妙諦。由此也可了知，密法一切修證成就的核心，即是無上菩提心。

密法觀照法界的體性與緣起的實相，並將法界的實相，與自己的身心眾相，完全融攝為一，並落實於現前的生活當中。這種微妙的生活瑜伽，讓我們的生活與修證不相遠離，能以父母所生的現前身心，速證無上大覺的佛果。

一切佛法的核心，都是在彰顯法界的實相，而密法更以諸佛如來果位修證的實相，直接加持眾生的身、口、意，使眾生現證身、口、意三密成就，而直趨如來的果位，實在是不可思議的密意方便。而這也是諸佛菩薩等無數本尊，為眾生所開啟的大悲迅疾法門。

「密乘寶海系列」總攝密法中諸多重要法門，包含了密法中根本的修法、諸尊行法，以及成就佛身的中脈、拙火、氣脈明點及各種修行次第的修法。

其中的修法皆總攝為偈頌法本，再詳加解說教授。希望有緣者能依此深入密法大海，證得圓滿的悉地成就！

密宗修行要旨——序

密法是實踐究竟實相，圓滿無上菩提，讓修行者疾證佛果的法門。

密法從諸佛自心本具的法界體性中流出，顯現了莊嚴祕密的本誓妙法，以清淨的現觀，展現出無盡圓妙的法界眾相。

因此，密法的修持是從法界萬象中，體悟絕對的象徵內義，並從這些外相的表徵、標幟中，現起法界實相的現觀。再依據如實的現觀清淨自心，體證自心即是如來的祕密莊嚴。

在自心清淨莊嚴中，祕密受用諸佛三密加持，如實體證自身的身、語、意與諸佛不二。依此不二的密意實相，圓具法界體性，而疾證佛果，現起諸佛的廣大妙用。所以，密法是從現觀法界眾相的真實示現，迴證如來的究竟體性，其次第是內外一如的。

而心是法界體性的主體，要徹證無上菩提，唯有體悟自心。也因此，

《大日經》中說：「祕密主！云何菩提？謂如實知自心。」如實了知自心，才能通透一切密法、一切實相，密法的儀軌外相、乃至一切法界的實相，都是自心所示的絕對徵象。如果不能體悟於此，而迷惑於繁複的外相儀軌，這將讓這些由心所示現的祕密法軌，離心而遠去，成為心外之法了。

所以《大日經》中特別點出：「甚深無相法，劣慧所不堪，為應彼等故，兼存有相說。」來點明無相法門，才是密法的核心。

對於密法行者而言，最重要的是掌握甚深無相的正覺心要，依此掌握體悟廣大繁複的密法儀軌，才是根本的要義。

本書特別解明密法的事相、部類及教法的訣要心義，希望讀者在研習一切密法時，能不離於本心及實義，迅疾地總持密法的諸部要義。

希望這一本書，能夠讓讀者確實受用如意，體悟甚深無相的密宗心要。

洪啟嵩

目錄

第一章

現代密行者

密法的修行，是生命中最深刻的自覺與開展。透過密法的修證，我們從緣起世間的深密觀察中，返觀自照自己身心情境的本質，與法界體性根本是統一的。

當我們體悟到我們的自心即是清淨的菩提心、即是本初的如來，而外顯的心意、身體乃至無盡的法界，根本是完全融攝一如的。這時我們深刻的自覺，豁然開顯，本覺的清淨自性與修證的金剛智慧，如同光明與光明交融一般，會通圓滿。而這時圓滿自覺的智慧，也將開展成覺他的如來勝行，而一切法界也將成爲金剛法界，現觀自他眾生都是曼荼羅中的諸聖，一切眾生現前也圓滿成佛。

安住於清淨的覺性，而細密清明的觀照法界中的緣起萬相，是密行者的本質。密行者不爲一切眾相所迷，具足深智；不爲外境所動，安住於淨菩提心；面對法界眾生，能生起無礙的救濟，這是大智、大定、大悲的密法心要。因此，在現代遷變迅疾的世界中，其實正是密行者調鍊大智、大定與大悲的秘密道場。

在幻化迅疾的萬相中，能隨緣現起觀照的覺智；在眾相迷離的世間，能安住不變的清淨自性；在普現無常的現實世界中，能如實的永恒濟度。現代人間，其實是密行者的廣大金剛曼荼羅，我們如緣的安住在這世界中，應當如金剛薩埵一般，實踐著本初如來的無上正覺。

在現代的修行環境上，密教佔有其優勢的條件。因爲現代人類的生命方式與現前生活方式結合，比以往更加強烈，而且現代人比起過去對自身生命能成證圓滿更具有信心，對於自身所生存的人間更加肯定，直接從現存的生命現實中昇華成圓滿的佛智，這剛好和淨土宗強調厭離人間的修行方式形成強烈的對比。

這是因爲現代的生活環境和古代不同，現在是很富足的時代，不易使人生起厭離之心；因此強調人生是苦，而產生厭離世間、欣求他方淨土的修行方式，有時較難取得共鳴。

而密宗對現實的生命的現象，則是採不必遠離，直接超越的態度，再加上以如幻三昧，來昇華現世的生活品質，與佛法相應。這種肯定現世人生，再加以昇華生活的宗教，在現代是比較能讓人接受的。

因應現代人需求的密法

觀察人生苦迫，主張厭離現世人間的宗教，在人類信心不足、環境貧困混亂的時代，較能吸引人們；但是對於要求精緻化生活的現代人而言，已不再只是要求一個強而有力的庇護，而是在安樂的基礎上，進而要求能夠增益生命、昇華生活的修法。因此，密教也就隨順著這樣的趨勢而興起。

密法已不再止於祈求一個強力的庇佑，遠離人間，而是將這些祈求累積成一套實際而完整的修法，使自身能在現有的生命現實中，更加增上。

以密法中息、增、懷、誅的修法而言，息法是平息災障的修法，增法是增益財富或增長壽命的修法，懷法是促進人際關係的懷愛修法，誅法則是降服不利於自身力量的修法。由此所發展出的各種儀軌、修法，往往更加豐富、繁多。忙碌的現代人社會中，即使無法全部修習，但也能選擇其中符合自己需求的修法。

然而，密行者不該僅以安於現前世間爲滿足，應該以此爲起點，以此爲初期的切入點，更重要的是如何從中昇華爲出世間，所以密行者必須有更深刻的體會，才能承擔起更大責任，進而昇華到出世間的層次。

一個積極的人間密教行者，應該使人間所發生的每一樁事件，都能與佛法相應；而在肯定世間的價值、完成世間悉地成就之後，要更進一步成就出世間悉地，如此才是有別於一般世間宗教的殊勝之處。

密行的眞義

密教之所以爲「密」，我們可從戒行上的密行和修證上的密行來體悟。

戒行的密行

密行的意義非常寬廣，要了解釋迦牟尼佛時代的密行者，就要從佛陀的孩子羅睺羅談起。

羅睺羅很小的時候就跟隨佛陀出家，當時他是第一位出家的小沙彌，在戒行方面有許多不如法的地方，所以有時佛陀會帶他到樹林裡，單獨指導他，羅睺羅也不斷認真地修持，直至成爲一個戒密深嚴的行者。

我們要了解，真正戒行良好的修行者，是不會讓人感受到壓力的，他不會刻意彰顯自己的戒行，但卻能全面守護，就像輕風吹拂，讓人感覺很平和、自然，這就是密行的意義之一。

修證的密行

第二種是屬於修證的密行。

羅睺羅曾經跟隨著佛陀單獨進入森林修行，而羅睺羅並不張揚其修證的境界，只是祕密的修證。

由此我們可以了知：密行大致可分為戒行上的密行和修證上的密行，筆者以偈頌來說明：

外顯平常　巧護三業
內證密要　圓證佛行

「外顯平常」是因為真正的密行者所行的即是密行，所以對外必定顯得平常；但是有些密行者，唯恐他人不知道自己是一個密行者，而隨時隨地想要讓他人感到自己有很強大、神秘的威力，這行爲恐怕有失密教的真義。

修行密法時，彼此的修證隱密、本尊隱密，甚至連師兄弟之間，都不知道彼此修持的本尊，連弟子也都不知道上師的本尊。

我們暫且不談這種隱密的必要性，但是這種巧密守護自己的修證，的確比較不會引起他人的爭議、揣測；而且如此的密行，對於自己修行上或度化眾生的方便上，較不會遇到不必要的障礙。

然而有些人以爲修習密法一定要表現出大貪、大瞋、大癡的行爲，甚至誤以爲所謂的大瞋，顯現在日常生活時就是習慣於教訓謾罵他人，並將此種行爲藉口爲修習密法的緣故，因而脾氣不好，這實是無稽之談。

我們要了解密法中不論息、增、懷、誅的各種修法，所要對治的，即是自身的不圓滿，而其中，真正所謂的誅法，所要誅殺的對象，即是自己的煩惱魔、我執，而不是誅殺他人。

所以「巧護三業」，所指的是細密的戒行，行者要善巧地守護自己的身、語、意三業，直到三業清淨而與本尊的三密相應。

「內證密要」是指行者在二六時中的修行內證裡，日修日瑜伽、夜修夜瑜伽，而隨時隨地能與本尊相應、現起本尊觀，時時刻刻自身的三脈七輪就是諸佛的住處，心輪現起蓮花——中台八葉院，自身是法界中圍、金剛壇城，是一切諸佛住處；而構成自身及宇宙的五大元素：地、水、火、風、空，五德清淨。

整個現前世間就是金剛淨土，所發出的音聲是金剛妙音，所聽聞的一切音聲即是咒音；一切意念都是現前觀照。

這一切自身的內證密要，顯現在外相上是極平常卻極爲圓滿的。當修證至極祕密，現前就是一切法性的祕密，現前就是一切緣起的祕密。所以一切即是一個廣大祕密莊嚴的曼荼羅，我們隨時隨地都不相遠離的祕密瑜伽。

從「內證密要」，一直到「圓證佛行」，我們的心無有執礙地與本尊入我我入，圓證生起次第、圓滿次第，現起大圓滿的圓滿之行，而行者現在所處的世間，即密嚴淨土，我們自身即是五智圓滿的本尊，這即是圓證佛果。

密行者的資糧

三法印的正見

密法是和世間生活最易相應的法門，能幫助眾生解決許多現前的難題。但正也因爲如此，容易使人在知見上染著世法，而被世間整個扭轉掉；所以身爲密教行人，若無正見做爲基礎，很容易流於成爲世間一般宗教。

所以，細密護持三業，對一個密教行者尤其重要，甚至比其他任何宗派都重要。一個密教行人，應隨時隨地具足三法印的體悟、對現前空的體悟、對如幻的觀照。

密教是緣起法的極致，是象徵化的極致，而其最根本的正見卻是中觀的現觀現空。

如果密教行者不能了解緣起中道，不能了解不生不滅的法界祕義，只從現象上來看世間眾相，即使具足了息、增、懷、誅世間悉地的力量，最後心仍會被外境所轉，無法解脫自在。

如果修持密法，只是爲了追求增長自己世間的財富或願求，一心祈求財神或護法的庇佑，而不能如實地依止修證解脫的本尊及教法，這是十分可惜的，也失去了密教的意義。

以修持息災法而言，如果沒有具足正見，只是祈求個人的消災延壽，除了壽命能夠增長之外，在修行上並無法得到證悟與自在，這和一般世間宗教也沒什麼差別。

沒有具足正見而修習密法，容易使自己落於低俗的境界，這都是要警惕的。修習佛法的任何一個宗派都要具足正見，而修持密法更是要隨時憶起正見。

什麼是正見呢？就是以三法印：諸行無常、諸法無我、寂靜涅槃為中心。

若以息、增、懷、誅四法為喻，我們當了知修習息災法是基於緣起上的需要，排除修法上的障礙，使行者能在度化眾生時減少障礙，而非只為個人消災延壽而已。

而修習增法是為了讓佛法得到更廣大的宏揚，讓世間成為淨土，而非只為增加個人財富或資糧而已。不論增益世間財或法財，都是為使大眾成佛、智慧增長、大悲增長才是增法的根本目的。

修習懷法則是為了讓佛法的眷屬更為廣大，如寶鬘般串連起來，成就更廣大的菩薩大海，讓眾生圓滿成就佛道；而非只是侷限於改善個人的人際關係，得到世間安和樂利而已。

修習誅法主要是為了降伏我們的自心煩惱魔及一切眾生心中的魔障，使正法得以增長，法光明圓滿，一切眾生得以成佛。這才是具足正見的密法。

成就諸佛密意

密行者具足正見之後，要了悟密教真實的主旨，也就是要成就諸佛密意，從中觀的正見中產生如幻的觀行，以全體世間來現證圓滿的佛果大行。

密行，並不是指任何奇特詭異的行止，而是指身、語、意三密清淨，隱而不現，隨順法性之流，隨順法界大流，是極平常，是現觀一切平等平等。

了悟此密旨之後，具足密行、密修、密證，尊重一切世間，將眾生都視為具足三身四智的本尊，一切世界皆是壇城，一切運作都是法界的如理施行。如此的密旨，從平等性智中現前觀照、現前圓滿。

如果不能了悟密旨，而以奇特異行自詡為密行者，如此之「密」未免太「顯」相了。

「密」是最深、最平常之行，既然要顯示究竟，只有安住在究竟、極祕密不可了知的境界，平常到如流水般無間相續流轉，圓融於法性的境界——光明無二，這才是真正的密意。

善巧抉擇上師

修習密教的行者，要能以智慧善巧抉擇，善巧抉擇法、抉擇智、抉擇悲與抉擇上師。

在傳統的西藏，一位密教上師要傳法給其弟子之前，要先觀察弟子三年，弟子也於此同時觀察上師。上師對於弟子是「非機不傳」；而弟子也要觀察上師，是否確實具足慈悲、智慧與正見，因為一旦選定上師之後，就要將身、語、意完全供養給上師，若是選擇了一位無法讓自己恭敬順從、心悅臣服的上師，在因地上已經不圓滿了，如何能希望果地圓滿呢？所以要善巧抉擇上師。

善巧抉擇上師有兩重含意，一是法性上的依止，一是緣起上的依止。

在法性上，就是觀察上師一切所行是否與法相應，隨順於法，而非外道，或是徒具神通沒有具足正知見？如果具足了佛法的正見正行，圓滿一切果位，如是上師，我們才能真實依皈。

在緣起上，則要看自己是否能與上師所傳的法相應？如果因緣不契，即使很好的上師也無緣依止的。

如密勒日巴大師，首先依止一位紅教的上師修學密法，這位上師也是一位成就者，他告訴密勒日巴其法的心要是「根究竟、道究竟、果究竟」的殊勝大法，現觀就可以成就，但當時密勒日巴心中生起了微細的驕慢，並沒有確實地觀行，結果無法在修行上生起殊勝的覺受與證悟，後來他在因緣上依止了馬爾巴上師，最終才在密法的修證有所成就。

這是緣起上的問題。「有因有緣世間集」，有因有緣，法才能相續相聚。

當我們仔細的抉擇上師之後，就是絕對的依止。而任何依止都要以正見爲依歸，具有佛法的正見與實際的修證，這是最好的上師；如果只有修行的功夫而無正見，這種上師絕對不能依止，否則越修行離道就越遠了。

抉擇上師之後，還要善巧抉擇教法，選擇與自己相應、因緣具足的法門。選擇的方法各順因緣，有人投花，有人祈請；如空海大師兩次投花都投中大日如來；而有人則請示上師決定，因爲具德上師能善巧觀察與弟子相應的本尊。

抉擇教法之後，還要善巧抉擇世間與出世間的因緣，密教重密行，則一切都要在緣起上相應，安住法性之中，因爲密法在修持上，比其他教派更重視緣起。

眞實皈命

歷經具足正見，了悟密旨，善巧抉擇上師、法門、本尊之後，才真正具備了一個密教行人的基本條件，此時應真實皈命，皈命上師。

上師是三寶的傳承者，具足緣起與法性的力量。我們觀上師爲金剛持，當我們真實皈依上師三寶之後，即是將自身的身、口、意供養給上師，同時也是供養給三寶，以此真實皈命，一心一意地修持。

經過嚴格的抉擇之後，就像一個瓶子選擇蓋子，大大小小的瓶子那麼多，現在總算找到合適的瓶蓋，一扣、一拴就完全密合，沒有任何空隙；如果沒有經過抉擇，碰到不相契的因緣，那麼怎麼用力旋轉，這瓶與蓋也無法緊密相合。而經過抉擇之後的瓶蓋，即使是閉著眼睛也可以輕易地旋上，這時才能產生絕對的皈依之心。

有的人沒有具足上述的條件，便輕率的依止一位上師，修持到最後，智慧與悲心卻都沒有增長，只是使自己世間的因緣變得順利些，暫時感到安心而已。我們有此福德值遇佛法，若只是徒求世間的悉地成就，這是很可惜的，畢竟世間是無常多變的，只有成就佛果，才能得到究竟的安樂。

降伏我慢的密行

修習密法的人，因爲觀想佛慢的緣故，很容易生起慢心，所以在此要了解佛慢的真義。

真正的佛慢是現觀一切平等，現觀自身是佛者，必然現觀眾生亦是佛；自身中圍即是四大曼荼羅，一切眾生亦是如此，一切世界都是如此；佛慢堅固絕不是只認爲自己是佛，其他人都是眾生，而是現前現觀眾生是佛。

許多密教行人，一開始修習密法就變得貢高我慢，以爲自己很快就成佛了，這樣的我慢心態是很可惜的；因爲真正了知法界義者，現前是平等的，即使是了知自身殊勝的緣起，也要了知眾生都有其成佛的因緣，都是平等平等、無二無二的，如果有分別心的話，便不是成就佛慢，只是世間驕慢之心罷了。

有些密教行者，很喜歡向他人誇耀自己參加過幾次的修法與火供，接受了多少位上師的灌頂，心中以爲有了這些經驗，在修行上就必然比別人高明而產生慢心。

然而密行者本應是：「深深海底行」的隱祕行者，若如此向人誇耀，一來這些經驗並無法代表自身的修證，二來這豈不是成爲「顯」而不密的密行者了嗎？

真正的密行者，可能終其一生都無人知曉他在修習密法，而在臨終時，別人才發現到其已成就本尊身，或是骨頭、身體都化成本尊的形象，或是整個身體都變成本尊的壇城，現起勝樂金剛，或密集金剛、大悲觀音等，此時大眾才恍然大悟其是密行者，這才真是殊勝的密行持明者。

我們可將密教的修行，譬喻爲以壺煮水，如果在加熱的過程中不斷地把壺蓋掀開，那麼水怎麼燒也難以沸騰，應等滾沸之後再掀蓋，否則只是徒然浪費時間而已。

密教行者，如果在未成就之前，就頻頻向人誇耀，宛如未開之水將能量都散發掉一般，此種情形若想要圓滿成就，時間也將拉得很長。

真正高明的密教行者，甚至不只是自身化成壇城、本尊，而且能化成虹光身，若不是親眼目睹其境，一般人無法清楚他究竟去哪兒了，這才是一位密行者的風範。

曾經有位密行者要入密室閉關，閉關前特別交代弟子，時間未到時，切勿把密室的門打開，然後自己便關在密室中修行。但是弟子未待時至，便將門打開，這才發現，上師的身體本是要化爲虹光身的，卻因爲將門打開，這因緣因而停住，留下一肘大的肉身。由此可見密教修行祕密之一斑。

降伏我慢的密行，就是要與法性相應，與法性相融來修行，千萬不要生起任何慢心，對法的驕慢就是對眾生的傷害。

一位密行者，應學習常不輕菩薩的精神，視人人爲佛、本尊，處處是壇城，一切皆應禮敬，如果自心生起驕慢之心，將獲罪無量。

眞修實證

現代的密行者，一定要真修實證，不能只是在口頭上修行，或是灌頂之後就認爲自己有多了不起。

要了解現今很多的灌頂都是結緣灌頂，並沒有嚴格的限制，如時輪金剛灌頂，本來一次只能傳七人，現在傳法灌頂，參加者大都一、二兩百人以上，所以這只能算是結緣灌頂。灌頂之後，如果不能現證的話，也是徒然。

筆者認識一位密教修行人，他到處蒐集密教法本，爲了蒐集齊全之後再開始修行，但是不久之後，他卻在一次空難中身亡了，這不是很可惜嗎？

古德每每接受一個灌頂之後，就閉門掩關修持，這些例子，都再再告訴我們：要真修實證來了悟佛法。而也有許多人是「真修不悟」，整天修習觀想，外相上看起來力量很強，卻沒有具足智慧、悲心來使自己的生命提昇，反而造成更大的煩惱。

在西藏曾有位行者，非常精勤修學大威德金剛法，具足閻魔的強大力量，甚至他只要眼睛一瞪別人，別人就因而死去，以致於最後他連家門都不敢跨出一步。爲什麼修行會落到這種地步呢？

因爲若修行上真修不悟，沒有具足菩提心、大悲心，不具足空性正見，往往破壞了世間的運作，或許他在世間悉地上的確是成就了，在佛法上卻沒有得到究竟的圓滿與解脫。而真正的大威德金剛並不會如此示現，他只會將魔害、障礙消滅，卻不會傷害眾生的生命。

其實任何的修法，其大前提就是要使我們的大悲心、菩提心更加鞏固，否則精勤修法之後所產生的強大力量，反而變成重大的負擔，這是密教行者要特別謹記在心的。

善了緣起

密教行者應要比其他宗派行者更能了知緣起，因爲密法的修持其最強調與世間的相應，所以要深知時節因緣。例如：當我們修習時輪金剛法時，要了解時輪金剛的特性，時輪就是時間之輪，所以修時輪法，要掌握時間之輪，這樣的修法如何能不契合緣起呢？所以千萬不能以一己之意來破壞世間緣起，要隨順世間的緣起來成就世間。隨著時輪的轉動昇華、超越過去、現在、未來三世，到達圓滿的金剛智慧的境地。

所以，一個密行者對世間的每一位眾生、每一個因緣都要尊重，並掌握這個力量，使其趨向佛法，使這世間緣起大流，匯向佛法的法性大流，流注於無間流水三摩地，流注於法性大海，流注於法界現前的圓滿，流注於金剛清淨的境界。

密教行人由於修法的緣故，自身心力會產生強大的力量。但是密行者不該爲了成就自己的私心，而用這種力量去改變他人或改變世間的緣起，這是會造作業障的。此外，有些人雖不是爲了一己私心，卻用不當的手段干擾世間的運作，這其實是不了解法性、不了解因緣所造成的。

有一位密行者，平日修習如幻三昧，某一日，他想著：「該打雷了。」於是天空果真轟隆地響了一聲雷。他自己著實地嚇了一跳，爲了弄清楚這是偶然的巧合還是自己的力量使然，他又想著：「該打雷了！」隨後果真又響了一聲雷，於是他知道此時的自己具有強大的心力，但是這個強大的力量對利益眾生並無助益，反而會影響世間運作，於是就將它捨棄，不再運用它。

又有一次，因爲修行的力量，無意間發起神通力，但是他發覺神通力量若沒有具足智慧，則是不圓滿，反而對修行產生障礙，於是發願：除非六通同時具足，否則不願發起神通力。「六通」是指神足通、天眼通、天耳通、宿命通、他心通及漏盡通，其中前五種神通是共世間的，但是第六種漏盡通，就是指煩惱盡、智慧神通，這是佛法特有的。

爲何要發起這種願力呢？因爲智慧尚未圓滿具足之前，徒具這種神通力量，對眾生是弊多利少，到時恐怕一天到晚忙著爲他人顯現「特異功能」，應付好奇人士。而且此時大眾來參拜大都不是討論佛法，大多是要請他治病、表演神通之類，這樣一來不但對眾生沒有幫助，對於自身的法身慧命也是一種損害。

所以，我們切莫迷惑於神通的現象，而遺忘了悲心和智慧才是佛法的根本。

由前面這個例子，我們可以了知：一位修行人要隨時隨地地覺察，巧妙地安住自己的心念。尤其在自身具足威力的同時，要審慎觀察緣起，不要隨便下決斷，反而造作業障。因爲我們尚未如同佛陀那般圓滿，即使沒有私心，但是這個世間卻可能被此強大的力量扭轉到壞的方面。這種情形都應盡其所能地避免，更何況是以私心來破壞世間運作呢？

相傳往昔兩國戰爭時，敵對國家曾請密教的上師修法誅殺對方將領之事，但佛陀並不應允這樣的行為，而是用另一種態度來面對，佛陀自身為我們做了最好的典範。

在《琉璃王經》記載著釋迦族被滅的歷史：

琉璃王是釋迦族婢女所生之子。

當他年幼時，因為踏觸釋迦族為佛陀所建的殿堂，被認為是對佛陀的大不敬，不但被喝止，還被趕出去，並將其踩過之地的泥土挖去，重新補平，琉璃王因此事而發重誓，即位後要殺盡釋迦族。

琉璃王即位之後，果真舉兵來襲，佛陀知道此事，雖然了知這是釋迦族的共業使然，仍然試圖改變這個因緣。但是佛陀並沒有使用神通力來拯救族人，只是在大軍必經的路中，在一棵枯樹下安坐等待。琉璃王帶著大軍，看到佛陀捨棄身旁茂密的樹蔭，反而坐在枯樹下，就好奇地請問佛陀原因。

佛陀回答說：「旁邊這樹雖然枝葉茂密，又豈是恆常如此呢？就像親族的庇護雖然廣大，也不能常存。我坐在枯樹下，是在哀傷即將失去親族的庇蔭了！」

琉璃王知道佛陀的用意，就對佛陀說：「先人曾告示：如果在出征時遇到沙門，就應該返轉回國，何況是遇到佛陀呢？」於是恭敬地退軍而去。

佛陀的弟子們知道了這件事，都商討著如何拯救釋迦族；有人建議以神通力把迦毗羅衛國舉在空中，或是下以鐵籠圍住，上以鉢覆蓋，將它移置大海中央。但所有方法都不被佛陀採納，因爲佛陀深知這是釋迦族與琉璃王宿世的仇恨，現在果報成熟了，沒有人能加以改變。

即使如此，佛陀仍然在大軍必經的路上等待琉璃王，於是第二次琉璃王又退兵回去，如此到第三次，佛陀知道這是無法阻止的事，在盡了保衛祖國的義務之後，他也只能眼看著釋迦族人接受果報。

佛陀在盡了義務保護他的國家之後，即使無法說服敵軍不攻打釋迦族，他也沒有以任何強烈的手段、神通力量來退卻敵軍。但畢竟不是人人都有佛陀的智慧，所以會有誅殺敵軍的手段出現。

但是其中最重要的一點就是「自作自受」，每一個人要爲自己的行爲負責。據說打完仗之後，那些作法的上師都受到當時那些誅殺力量的反彈，雖然他並非以利己私心而行，但是因爲他無法隨時隨地觀照空性，這些力量還是會反彈回自身的。

對於這種行爲，我們無法論定其是非，但是修行對自己發出的力量要清楚覺照，可以不昧因果，卻無法不落因果。行者能清楚了知這一切，而願意承擔，這才是最重要的。

圓滿悲智願行

密教行者是有力地、積極地參與世間來利益眾生，不只是希望世間遠離各種災障、苦難，具足吉祥幸福，還要具足大力使世間轉爲無災無難的光明淨土，且能快速掌握時節因緣，使世間迅速清淨。所以除了三摩地的力量要不斷地增長之外，更要不斷地增長悲心、智慧。

身爲一個密教行者，要比其他人對緣起有更深刻的感受與體會，因爲從「中觀見」出發，掌握到絕對的象徵，以如幻三昧了知一切現前皆是如幻，一切現前如幻皆是法性，所以對這現前的世間，感受會特別深刻，因爲是以妙有來證入實相，對世間的苦、空、無我，會有更真實的體會。

每一個當下的大悲

在此慈悲與智慧是相互輝映的，所以「空越大、悲越大」，越是現觀緣起，越能生起大悲，所以應該修習大悲威力，讓菩提心不斷地增長，隨時隨地生起菩提心，在二六時中與生活相應。

我們了知大悲是於每一個當下、每一個緣起中，而不是另外有一個「大悲」，而是現前皆是大悲，如此才是進入無緣大悲的法性大流。

具足空性的大智慧

在具足大悲心之後，還要具足大智慧，因爲只有具足大智慧，才能消融修習密法者最易產生的兩種毒素——一是因爲對修法的執著而生起的慢心，一是對世間幻有的執著。

由於密教行人依照儀軌修持的因緣，所以會比其他宗派行者更具有法的威力，如果沒有具足空性智慧來消融此慢心，在法上會產生許多不圓滿。

再來，由於密教的修法是與現實生活緊密結合的，但是行者以種種修法使世間因緣順利之後，如果不能如幻觀照，了知這一切皆是上師本尊三寶的加持，那麼在自心中容易生起貪著與驕慢，最後可能就隨業流轉，所以具足大智慧對於密教行者尤其重要。

相續的菩提大願

悲、智具足之後，再來是「願」。密教行者對於世間的救度是很親切的，因爲其大願、大菩提心的力量相續不斷，他直接從緣起上來將人間轉化成爲密嚴淨土。

大願、大菩提心是一個密教行人的根本依恃，如果抽離這個根本，那麼就變成一個徒具世間法術者，和佛法沒有關聯。

具足普賢大行

所以，一個密行者要隨時隨地憶起菩提心，修菩提心、證菩提心。同時，密教行人應該是一個實踐者，是具足普賢菩薩行持者。

乘著六牙白象的行道普賢菩薩也就是其具體表現，一個密行者要具足普賢菩薩大行，所以在這幻有的世間，他是一個積極的參與者、創造者，參與創造世界妙有的行者。

密教行者除了具足聞思之外，還要具足行持，所以要能聞思修三者同時圓具，才能稱爲真正的密行者。

安住於法樂

密行者若要能積極地參與世間的運作，就必須保持大喜悅、大慈悲的心。因爲積極參與世間運作的同時，容易受到貪、瞋、癡、慢、疑五毒的浸

密行者應是具足普賢菩薩的行持者

染，而且和世間相涉很深，如果不能自喜樂，安住於法樂之中，那麼，由於太過悲切，很可能會深陷於世間的苦痛之中，以至於無法清淨面對眾生，所以要具足大慈心。

成為大無畏者

除此之外，一個密行者還要具足無畏的心，像佛陀一樣，無畏如象王，像觀世音菩薩一樣，能施予眾生無畏，使自無畏、他無畏。

一位密行者，坦然立於風雨交加的世間，具足無畏，建立金剛淨土，具足使一切眾生成爲金剛佛陀的力量。

成爲一位大無畏者，進而成爲一位大勇猛者，重新列整世間緣起之網，並將世間建立成金剛法界，使一切眾生亦具足大勇猛心，如奮迅獅子一般，直衝到佛地，圓滿佛果。

密行者具足大無畏、大勇猛，所以不會計較個人毀譽得失，念念都是要如何使眾生成就，建立一切現前圓滿的曼荼羅。

地球曼荼羅

現觀一切皆是曼荼羅

就一個密行者而言，要能隨時相應於緣起的世間，所以密行者應視地球就是一個曼荼羅，整個大地都是曼荼羅，自身的身、語、意三密也是曼荼羅。

不僅如此，還要現觀自己的身、口、意三業即是諸佛三密，現觀諸佛本尊入於我身，而我入於諸佛之身，入我我入平等平等、無二無別，我們現前就是本尊，現前整個世間即是壇城，無間地與本尊壇城相應。

就體性上而言，這一切皆是地、水、火、風、空、識所成，六大的性德本來無二，法性和緣起皆融合爲一，所以說從來不生，從來不滅，一切現前。

我們自身和外法界就是四種曼荼羅（大曼荼羅、法曼荼羅、三昧耶曼荼羅、羯摩曼荼羅），自身、地球皆是法界的大曼荼羅；所有的意念、思惟、語言、文字是法曼荼羅；我們的心願、所成就的事業、所投入的心念，一切的標幟都是三昧耶曼荼羅；生活一切行、坐、臥都是羯摩曼荼羅，現觀此一切皆是曼荼羅。不斷地現觀現照，以法界力量加持我等眾生及地球，使每一個世紀皆成爲圓滿時代。

我們在廿一世紀中行事，就如同在時輪金剛壇城中或是任何本尊壇城中行事，或如同在金剛密嚴淨土的行事，我們自身是本尊，一切眾生也是本尊聖眾，一切所行所思，無不是本尊的大勝妙用，如此不斷加持，不斷轉化，對這時代會有很大的貢獻。

密行者現觀地球是一個曼荼羅

外顯莊嚴境，　內觀成本尊，
密證如如佛，　密密現法爾。

這首偈頌說明了密行者幻觀世間、自身，使其成爲密嚴淨土的四個層次。

「外顯莊嚴境」，在此層次中，自身是生起次第的本尊，而身所處的環境，便是本尊的壇城，一切有情大眾都是本尊、聖眾，一切不顯之物亦都具足莊嚴；一切莊嚴莊嚴、無二無二。

「內觀成本尊」，是觀想我們所呼吸的氣是諸佛的智慧之氣，我們與法界一同呼吸，所以法界亦遍滿諸佛的智慧氣；而自身中的脈即是諸佛通道，每一個明點皆是本尊，每一個細胞都是如來，自身的氣、脈、明點皆是智慧薩埵，這是內觀成本尊。

而地球也是一尊本尊，是地球曼荼羅，河流就是它的脈，一切光明都是它的明點，這是地、水、火、風、空五大五智所顯現的如來，這些都是報身佛的境界。

「密證如如佛」，從內觀成本尊的報身佛，自身逐漸清淨之後，所有光明互相照耀，就是本尊的雙運，所有流動，就是本尊的融合，自身的氣、脈、明點，每一個細胞的融合，都是本尊的融合，所以內、外一切都是現前本尊的大樂受用，空樂不二的報身。

「密密現法爾」，這一切所顯都是本然如是法爾所顯的祕密境界，這時，一切都是寂滅的，在寂滅境界中進入金剛三昧——最究竟的寂滅法性；顯現即是海印現起——如幻如化的廣大莊嚴境。

簡而言之，「外顯莊嚴境」即外觀一切皆是本尊莊嚴的境界；「內觀成本尊」即報身本尊次第現起；「密證如如佛」即所有的本尊皆是相互交融，現前空樂大受用，現前空樂不二。而「密密現法爾」，即是明空不二的本尊境界。

也就是說「外顯莊嚴境」是一個幻化的境界，是化身、空悲不二的境界，「內觀成本尊」是顯現報身佛的境界，「密證如如佛」是報身佛現前大受用，空樂不二的境界，「密密現法爾」是明空不二，法身佛的境界。總觀這一切，即是法界體性。

密行者的典範

密教是最重視傳承的宗派，傳承具有兩方面的意義：一是緣起上的意義，一是法性的意義。

在法性上，法界的力量藉由上師的灌頂，而在行者身上顯現出強大的力量，透過上師的加持，使行者的始覺光明與法界的本覺光明相會，這也就是所謂的「子母光明會」。

在緣起上顯示出無始劫來的傳承大海、整個三寶的殊勝加持力量傳注到上師身上，由上師再傳至弟子，經由這如同以水注水的傳承灌頂中，行者從此承繼了廣大的殊勝傳承力量，而能夠在緣起的世界中修行成具圓滿，具足一切修行的巧妙方便，同時具足法性上的圓滿；而以方便爲究竟，在世間成爲一切三寶的助力，廣爲濟度一切眾生，使一切有情成證圓滿果德。

所以密行者應以歷代偉大的師尊與其上師做爲修學的典範，現代密行者可以選擇一位自己景仰的本尊或上師，而使自己的身、語、意三業與其相應，如釋迦牟尼佛、阿彌陀佛等，或是密教任何本尊；在世間的上師，如龍樹菩薩、蓮花生大士、空海大師等，都是值得我們崇仰學習的師尊。

以下介紹一些偉大密行者的典範：

密證大用的蓮花生大士

蓮花生大士對西藏佛教影響深遠，相傳蓮花生大士是由釋迦牟尼佛的身、阿彌陀佛的語、觀世音菩薩的意三者所相應而化生，在藏密上有其不可取代的重要地位。要深入了解蓮師，可參閱蓮華持明所著的《蓮花生大士傳》或藏譯本的蓮師傳，來體會其偉大深祕的密行。

當時西藏佛教尚未普及，整個西藏充滿了原始的大自然力量，寂護大師先前曾到西藏去，以言說宣揚佛法，卻無法降伏大自然的山精魍魎，於是迎請蓮花生大士進入西藏。

蓮花生大士具有修法上的方便大力，具足大智大悲大願，所以當他到西藏的路途中，一路降伏諸魔眾並使其至誠皈依三寶，而成爲佛法的護持者。

如果沒有蓮花生大士在西藏的廣大示現，恐怕就沒有今日的西藏佛教。蓮師的一生可用「密證大用」此四字來形容。

蓮師修法的過程中，當其受一法後便馬上閉關專心修行，在修習佛法的心境上，他是奮不顧身，有時以強烈的手法來破除許多世間的執縛，全心全意以修證佛法爲中心，或甚至以誅法來除去佛法的障礙。

但是蓮師示現在受用五欲時，仍然圓滿修行佛法，這對現代人而言是個

密證大用的蓮花生大士

很大的啟示，因爲他在世間示範了很成功的角色，而且在佛法上也具足殊勝偉大的成就。

而我們如何以蓮師爲典範，當一個現代的蓮花生大士呢？如何降伏現代的妖魔？現代的妖魔，所指的可以是科技所帶來的力量、金錢等力量。例如金錢的妖魔會使人們產生很大的變化與墮落；化學物質、環境污染等，也都是現代的妖魔。

我們應當思惟：現代的蓮師要如何降伏這些由五毒所產生的妖魔？恐怕不能再像往昔一般，只是在某處建立一座寺廟，來修法降魔，而是要具足更多的善巧方便。譬如我們可以種植很多樹木來補充人類所耗用過度的資源；整治河川使其恢復生機；甚者要更廣大宏揚佛法，來幫眾生除去這些五毒的妖魔。

往昔蓮師乘著白馬，由四大天王托著馬足，從西藏到藥叉國的形象，在這「鐵鳥飛空」時代的蓮師，是否乘著太空梭，由四大天王扶著四翼，回到地球呢？我們可以如此地思惟並祈請。

眞修實證的密勒日巴尊者

尊者密勒日巴的一生，對於現代密行者而言，是修學苦行的最佳典範。當尊者年幼之時，父親就病逝了，親戚們羣起欺負他們孤兒寡母，不但侵佔他們的家產，還將他們充作奴僕使喚。

於是尊者的母親傾盡微薄家財，送尊者去學習咒術，希望他對其親戚們降下冰雹、破壞收成，來平復心中的仇恨。

後來密勒日巴尊者果然完成了母親的心願，卻也造下了可怕的黑業，殺害了許多眾生。然而就在此時，他的心中生起大驚怖，猛轉而向追求正法。

在追隨馬爾巴尊者之初，密勒日巴尊者也歷經了一般人所不堪忍受的過程，因爲馬爾巴上師爲了要迅速消除尊者的業障，叫他從山下揹起一塊塊巨石，到險峻的山頂上建築房子，而且每每都在將蓋好之際，便將其毀掉，令密勒日巴重新再建。

而密勒日巴尊者因整日揹負巨石，背上全部被磨破了，而且長了瘡，其中又有膿頭，腐肉伴著膿血，爛得像團稀泥，身心折磨至此種程度，但是馬爾巴上師還厲言對他說：

「至尊那諾巴，十二大苦行，十二小苦行，比你這點傷要厲害得多！大小種種廿四種苦行，我都忍受了。我自己也是不顧性命，不惜財產地來事奉那諾巴上師。你若是真想求法，就不要再這樣故意造作，裝作了不得的樣子，趕快去把房堡建好吧！」

換做是別人，面對這種情況，恐怕早已頭也不回地走了，但密勒日巴仍然一如往常，下山揹石塊，上山蓋房堡，繼續完成上師的囑咐。

經過不斷的精勤修行，密勒日巴尊者最終圓滿具足了廣大的成就。

當他的心子岡波巴大師要遠行，拜別上師時，密勒日巴尊者特別傳給他

真修實證的密勒日巴尊者

一個甚深的口訣，只見密勒日巴尊者將其衣袍撩起，露出赤裸的身子，背上佈滿了網狀老繭。他對岡波巴大師說：

「我再也沒有比這更深奧的口訣了，這是我經過如此的辛苦修行，心中才生起功德的，所以你也要以最大的堅毅持忍力來修行才好。」

在密勒日巴的修行過程裡，他還曾以蕁麻爲食，使得全身的皮膚，甚至汗毛都變成綠色了。

當他妹妹來到他修行的洞口時，看見尊者「眼睛下凹，陷成兩個大洞，身上的骨頭，一根根向外凸出，像山峰一樣。渾身一點肉也沒有，皮膚和骨頭像要脫離似的，週身的毛孔都現著綠茸茸的顏色，頭髮又長又鬆，亂蓬蓬一堆堆地披著，手腳都乾瘦瘦的，就像要破裂似的。」以至於他妹妹差點以爲他是鬼，忍不住悲傷地哭了起來，但尊者當時卻唱了一首勸慰歌來安慰她，其中唱到：「

一切苦樂本無常，我故如是苦修行，
終當獲得究竟樂。一切眾生如父母，
於我恩德無有量；爲報一切眾生恩，
如是苦行又何妨。崖棲穴居如野獸，
見者孰不生憐憫；我所食者如狗食，
人見嘔吐且難忍。我身有如骨骷髏，
仇敵見之亦淚泣；觀我行迹似瘋狂，
智者知我與佛同；恆沙諸佛孰不喜？
下有冰冷石床坐，刺我肌膚令精進；
外內身漑蕁麻香，綠色一味無轉變。
無人山中崖洞居，斷除憂惱如佛陀；
上師三世一切佛，心中禮拜常不疏。

如是猛修得精進，　必生覺證無疑問；
覺受正解若得生，　此生快樂任運成。」

密勒日巴尊者的精進修行，是現代密行者的好榜樣，他破除了有些行者只求粗淺感應，未想求得真正覺證果地行徑。

所以一個現代的密行者，應當學習尊者的勇猛精進，不畏任何艱苦的修行，而必然能如同尊者般成證果位。

總持教法的岡波巴大師

密勒日巴尊者的傳承弟子岡波巴大師，與他的老師卻是截然不同的典範，密勒尊者長年處居山上修行，而岡波巴大師則在人間廣大弘揚教法，造成當時噶舉派流傳最爲盛大的時期。

他最初學習謹持律儀、講學論教的噶當派，後來依止密勒日巴，又深受

總持教法的岡波巴大師

其瑜伽實修的風格影響，因此他成功地融合了兩派的宗風，而外現比丘相，善巧地弘揚顯、密教法。

岡波巴大師總持一切教法，除了在大手印的修證上有極深刻的體悟，並且整合教法與禪觀，其行逕宛如中國的智者大師。

在觀行的深度上，岡波巴大師遠超過黃教祖師宗喀巴，而且在教法上也比宗喀巴更能調攝教法。

雖然他的理論架構不如宗喀巴《菩提道次第廣論》體系那麼分明，但在修證上，對於任何一位求法者，他都是以最圓滿的教法傾瓶而灌，從來不捨棄任何一人。

如果弟子無法承受大法，再宣說次第之法；而且在任何時刻，只要一有機會，他定要使行者得證最圓滿的成就，絕不漏失任何根器的行者。

現代的密行者，除真修實證外，也要具足教法上的了解，對教法沒有深刻的體解，就像是在昏暗的路上，卻沒有燈光引路，這樣的修行之路是很危空海大師是個爲法忘軀、永不退縮的精進行者，由於他的勇猛精進，所以在接受上師傳法時，猶如清淨無漏的寶瓶盛著淨水般，很快就完全圓滿具足了。

大師到中國求法，於青龍寺受入壇灌頂，當他受胎藏界灌頂時，投花得大日如來；一個月後，受金剛界灌頂，投花亦得大日如來；隔月得到傳法阿闍梨惠果和尚灌頂；在短短三個月，空海大師便具足了一切密教教法。

空海大師從中國回到日本之後，將所傳承的中國密教廣大地在日本弘揚。

當時奈良舊傳的佛教重現理論，缺少實修的事相行法。這就像醫師精通藥理，卻無法實際以藥治癒病人；而密教就如同實際的藥方，有完備的實際修法，足以彌補傳統佛教的不足。

再者空海大師受到唐朝密教弘化的影響，結合朝廷的力量來推行密教，設立內道場，舉行護國息災等法會，使得日本密教得以廣大發展。由此我們險的。

岡波巴大師是現代密行者的良好典範。

金剛遍照的空海大師

空海大師爲日本密教的開創者，據說大師年幼時就常常泥塑佛像，也常在心輪的中台八葉院中看見諸佛對語，這些境界皆是自生自顯，而非觀想而成。

西元七八四年（日本桓武天皇延歷三年），天皇自奈良遷都於山城，在政治與思想上都有革新之意，於是派遣留學生到唐朝學習，空海大師便是其中一人。

遠渡重洋到中國，海上常有颶風、海怪，能平安抵達者少之又少，一批批留學生雖承奉了天皇的賞賜，卻也冒著極大的生命危險。

空海大師是個爲法忘軀、永不退縮的精進行者，由於他的勇猛精進，所以在接受上師傳法時，猶如清淨無漏的寶瓶盛著淨水般，很快就完全圓滿具足了。

大師到中國求法，於青龍寺受入壇灌頂，當他受胎藏界灌頂時，投花得大日如來；一個月後，受金剛界灌頂，投花亦得大日如來；隔月得到傳法阿闍梨惠果和尚灌頂；在短短三個月，空海大師便具足了一切密教教法。

空海大師從中國回到日本之後，將所傳承的中國密教廣大地在日本弘揚。

當時奈良舊傳的佛教重現理論，缺少實修的事相行法。這就像醫師精通藥理，卻無法實際以藥治癒病人；而密教就如同實際的藥方，有完備的實際修法，足以彌補傳統佛教的不足。

再者空海大師受到唐朝密教弘化的影響，結合朝廷的力量來推行密教，設立內道場，舉行護國息災等法會，使得日本密教得以廣大發展。由此我們可以深刻體解其了知世間因緣，不離俗的一面。

空海大師行事深穩有力，他以沉穩厚實的力量，將傳承自中國的大唐文化在日本生根茁壯。

在那個時代，空海大師所展現的風格不同於蓮師那麼險峻，因爲當時的日本已經是承平富足的文明時代，不需要像西藏，時時展現強大的神通威力來降妖伏魔，而是平穩地推動教法。但在因緣需要直顯神通時，他仍會如實顯現；他曾在天皇殿上示現大日如來，使天皇、朝臣無一不信服，密教也因此得到大力的支持。

此外，空海大師在法上也有其堅持，當時日本天台密宗的開祖最澄大師想跟隨他學法時，卻被空海直截地回覆他：「你尚未具足。」這對最澄大師而言，自然是很大的打擊，但是法上如此，空海大師一點也不通融，這是他不媚俗之處。

空海大師不媚俗，也不離俗；在推動密法上，他緊密地結合了皇室的力量，廣大弘揚教法，使日本東密普遍流傳。

當空海大師建立高野山時，天皇欲獨力護持，大師卻婉拒其好意，回答說：「高野山是全民的、萬民的，所以一磚一瓦都要由百姓來聚集福德資糧。」這真是個了不起的宗派開創者的作風。

空海大師即使入滅後，還是繼續其弘揚佛法的大願，他發願「入定留身」，入定留身是入滅後肉身不壞，鬚髮、指甲還會繼續生長。此肉身現存於日本高野山，使後人見了產生無比的信心。

大師一生沉穩平實地推行密法，從生前到死後，直到無窮的時空，都不斷的使廣大的眾生對佛法生起信心，這種願力和毅力，是現代密行者最佳的典範。

我們選擇了做爲典範的上師之後，行者應時時觀想上師於自頂上莊嚴，加持行者，與自心相應；如此一來，能使我們處理任何事情時，都能如理思惟，以其體性來處理所面臨的難題與困境。

總述密乘修法

一般而言，密教的修行是以東密的事部、行部、瑜伽部，加上藏密的無上瑜伽部成爲一完整體系，以下即以此爲綱領，向讀者次第介紹密乘修法心要。

首先，我們先介紹密教常見的護摩法，再介紹藏密各派修法的共同前行——四加行，透過四加行的修習，從皈依大禮拜、金剛薩埵法、獻曼達與上師相應法，來清除行者在修行上的障礙，而對三寶及上師生起清淨的信心。隨後密法修證的根本心要——月輪阿字觀。

接著則繼續說明四部瑜伽修法。東密的事部、行部、瑜伽部的次第，我們可以用《法華經》中的比喻來了解其次第方便：

有一個富家子自小就離家，後來流落他鄉，一貧如洗，只得以乞討度日。他的父親打聽到兒子的下落，雖然欣喜萬分地想召回兒子，繼承廣大家業，卻怕兒子心中恐懼惶亂，所以心想先用一些方便，使兒子逐漸明白自己的確是繼承此一廣大家業者才行。

於是其父苦心安排，先隱瞞真相，只是把兒子叫來，讓他從最底層、最粗重的工作開始做起；慢慢的，再把他調到內圍，做管家、內侍之類；建立一些功績之後，再賦予他更高的權力，升爲總管；之後一直逐步地提拔他，直到最後傳其家業爲止。

在下三部修法次第中，也彰顯了如是的次第意義，在密教中不僅是用於理法思惟，更在事相上直接示現此義理。所以，首先我們從事部依序介紹。

事部

事部是事奉諸佛之意，重點不在修學觀行，而重視種種供養承事，注重細密的行爲功夫，如修法前的洗浴、持咒、供養、禮拜等等來積集功德福報，建立自己的信心。在這樣的過程中，慢慢地我們會忘卻自認爲凡夫的下劣想。在此階段也觀想修習本尊，但是在修法完之後則奉送本尊回本位，這是屬於最外圍的事部。

行部

到達行部的修習，行者在此仍要承事供養，但已經是比較內圍的工作，如較高階的文字工作、派按工作，較接近本尊，有時可跟本尊觀想相應，意即本尊不在時，其可代表本尊行事。此階段比事部重視觀行作用。

瑜伽部

修習瑜伽部時，行者開始要觀想入我我入的修法：自身是自本尊，本尊即是自身。行者在觀想時即是本尊，宛如拿著尚方寶劍的巡守，代天巡守。觀想完之後，瑜伽部行者仍須奉回本尊。

在瑜伽部的修法中又可分爲金剛界與胎藏界修法。

金剛界基本觀法是修習五相成身觀，五相成身觀的五相即是：1.通達菩提心，2.修菩提心，3.成金剛心，4.證金剛身，5.佛身圓滿。這是行者成就本尊身所應具備的五相，也是金剛界的基本觀法。

而胎藏界的基本觀法則是五字嚴身觀，此法主要是觀地、水、火、風、空五大的性德妙用，行者觀想自身等同法界。又稱五輪觀，是與金剛界五相成身觀相對的修法，此二法都是修行成就的必備要門。

無上瑜伽部

在無上瑜伽部中，首先介紹生起次第和圓滿次第，接著再依此次第配合四灌來說明無上瑜伽部心要。

初灌是屬於生起次第，在瑜伽部的五字嚴身觀與五相成身觀的基礎上，更進一步透過五方佛的灌頂，生起堅固而明顯的本尊觀，並具足佛慢堅固，而成證化身佛。

二灌、三灌屬圓滿次第，這是以生起次第爲基礎，進一步清淨行者的氣、脈、明點，轉業劫氣、脈、明點爲智慧氣、脈、明點，成證圓滿報身佛。

在圓滿次第成就時，中脈會顯現，因此在介紹大手印、大圓滿之前，「中脈顯現次第修法」，除了使讀者對中脈有更清楚的認識之外，也提供了實際的修法。

四灌直修法身佛，斷除行者對世間種種相的執著，直接與法性相應，一般以大手印直修。最後我們以密教最殊勝的大手印、大圓滿做爲修法內容的圓滿句點。

第二章

迅疾滿願的護摩（火供）法

護摩祕義

護摩（梵homa）．又作護魔、戶摩、呼麼等，義爲「焚燒」。密教在修此法時，係將供物投入火中供養本尊，故有此名。在《大日經疏》卷十五有云「護摩是燒義也」，不僅意爲焚燒，且其本意爲燒食供養。

另外，在《一切經音義》卷四十一中，也說明護摩是火祭法，即將供物焚於火中，並以之供養諸聖賢。二者皆說明了「護摩」的本意。

護摩法，原本是婆羅門教供養火神阿耆尼，以爲驅魔求福的作法，彼等事火婆羅門在火神的祭祀中，將供物投入祭壇的爐中，待火焰上升，表已入於諸神的口中，諸神依此得力以降伏諸魔，而給予人們福祉，故又將火視爲諸神之口，亦即天口。

而佛教密法爲了攝受此事火婆羅門及其徒眾，即將此緣起所現的護摩法，依法性意義加以融攝、超越昇華，而成爲密教的重要修法，但其意義已轉爲佛教根本旨趣。

如《大日經疏》卷二十有言：「凡護摩義者，謂以慧火燒煩惱薪，令盡無餘之義也」，又《尊勝佛頂真言修瑜伽軌儀》卷下記載：「護摩者，此方爲火天，火能燒草木森林，無有餘者；天者，智也。智火能燒一切無明，株杌無不盡燒。」如此意義一轉則更符合佛法的本意了，並藉由護摩的表徵來譬喻以智慧火焚燒無明貪吝的心。

理、事護摩

密教的護摩修法，又可區分爲內、外二種。出世間的護摩爲內，世間的護摩爲外。然而出世間護摩中，又有內外之別，即以觀「心」爲內，而以「事相」爲外。

修行者自身，所修本尊之火天、火壇及火，三者之本皆是六大所成，而安住於本不生的體性。觀是三者皆平等性空，所以行者住於「心、佛、眾生」三無差別的平等觀，來觀想智慧之火焚燒一切無明業障煩惱；這種行者心中的觀想，不涉及實際焚燒行事作法，所以名爲「內護摩」。又因僅觀想理法，所以又稱爲「理護摩」。

而外護摩，是指擇地造壇，焚燒乳木、五穀等物，來淨滌修行者的身、口、意，並且成就息災、增益、懷柔勾召、降伏等事業法。此一修法，皆是心外的行事作法，因此稱爲護摩，又稱「事護摩」。

外護摩是修法時，具足本尊、火壇、修行者等三者來作爲修行者三密的象徵。其中，本尊代表修行者的「意密」，火壇表修行者的「口密」，修行者自身則表爲「身密」。

另於上所說之外護摩，若未能與內觀相應，即無法成就各種悉地（成就），也與外道所行之護摩法無別。

所以行外護摩時，必須同時修持內護摩的三平等觀，以期內外相應、事理相融，成就各種悉地。

由此，即成「外護摩即內護摩」之真義，此不僅是密教外護摩不同於外道護摩的地方，也是密教修行護摩法時的一大要點。

護摩法的功德

護摩法在密教中佔有重要的地位，幾乎從初步的供養到高階的修行之前，行者都會爲不同的目的舉行護摩火供。

一般而言，護摩法有下列幾種功德：

■去除貪心

一般我們供佛的供品，只是暫時陳設，法會完了仍可取回，但是修護摩火供時，須將所有的供品投入火中，即使是清除灰燼時所遺留下來之物，也多不是原貌。

這樣的供養儀式，除了令佛菩薩歡喜，可以去除行者的貪心，使行者所願皆滿。

■去除魔擾

一般密行者在閉關之前，都會先舉行火供、祈請護法護持閉關圓滿，供養山神、地神等，使所有的精魅魍魎無法加害行者。

■彌補修法的缺漏

行者持咒時，有時會因計算錯誤而漏失，或是修法時妄念干擾，或因身心疲憊而有所輕忽，無法確實地圓滿功課，如果舉行火供，誠心懺悔，可以彌補此缺失。

而一般閉關行者，期滿出關時多會舉行火供，來彌補閉關時的缺失。

■成就修法

在密法的修行中，修法成就除了依恃行者自身的努力之外，特重本尊的加持及護法的幫助，因此，在修法之前，行者通常會舉行火供來祈請諸佛、護法幫助。

例如：修習無上瑜伽部的行者，爲了祈求本尊護佑及護法的護持，多會舉行盛大火供，殷勤祈請加被，獻上供養，以期行者閉關資糧不虞匱乏，不受魔擾，身體健康，證量增長，並相續不斷，得以成就。

■為增益世出世間資糧

如修習息、增、懷、誅法等，增益世出世間資糧，此四法在後有詳細說明。

護摩法的種類

行者由於累世以來，所行無明行業積習甚重，本末顛倒，遍植種種業因，現在悟覺過去的惡業，而努力於修行，祈望能證得無上佛果；然而由於業習太重，所行難以成就，雖然有心修行，無奈爲前業所障礙，而密法爲了使修行者能於道業上得以成就，特別建立殊勝的護摩修法，使行者清除業障，而迅疾圓滿成證。且依修行者的需求，又有三種、四種、五種、六種護摩法的區別。

四種護摩

首先，最普遍的是四種法，又名四種壇法、四種成就法、四種護摩，即密法中的息災法、增益法、敬愛法、降伏法等四種。

息災法

息災法又作寂災法，是滅息自身及他人種種病難惡事的修法。而災障的形成大都來自於我們自己的身、口、意三業所造的，其中有與他人共成者，也有個人特殊的惡業，只要除去了災障的根源，那麼災障自然消滅。所以息災法，就是以法身如來寂靜無爲的三密加持力，及行者的懺悔力，來消滅此惡業的法門。

因為法身毗盧遮那如來的三密是本不生，以此加持修行者之三業時，那麼三業亦同化於三密，而亦歸於體性本不生，如此災害消除，本然法爾寂靜現前；以寂靜故，相應於五大中的水大，而成水大三昧耶。

因此修息法的護摩壇為水大形，即圓形壇城，色法爲白色，本尊爲佛部的諸尊，修行者向北方吉祥坐而修法，梵燒的材薪以甘木爲佳。

增益法

增益法爲增益自身及他人的壽命、福德、智慧的法門。所以當修行者自身的智慧難以增長、功德難以圓滿，皆因自身的福德不足，因而修習此法以法身毗盧遮那佛福智圓滿的三密加持，滋長福德，以利益修行。

藉由五大緣起中的增長力，所以是地大的三昧耶，行護摩的法壇爲地大方形壇，色法爲黃色，多以寶部的諸尊為本尊，修行者向東方半跏趺坐，焚燒的材薪以果木爲佳。

敬愛法

敬愛法爲自身及他人欲得佛菩薩加被，或欲得眾人愛護的護摩法。修行者現今修行爲業，以菩薩法重，專致一心於道業上，但因往昔未結善緣，致使修行福德資糧難聚，佛法難弘，故修此法以得人敬愛而成就菩薩大行。

此法爲蓮華三昧，故護摩法壇用蓮華形壇，色法爲赤色行之，以蓮華部之諸尊爲本尊。修行者向西方箕坐，箕坐是交脛豎膝，並以右足踏左足上，焚燒薪木以花木爲主。

降伏法

降伏法又作調伏，爲調伏自身和他人一切煩惱業，及其怨敵惡人等的護摩法。修行者因自身煩惱業障的緣故，或因外魔怨敵所擾故，所行道業菩薩行艱苦難成，故修此調伏法。

以法身如來的廣大悲願力所現的大忿怒調伏的密行，加持行者去除自身煩惱業或降伏外魔怨敵的瞋恨心，而示現自皈依佛法之心。

此法爲火大的三昧耶，故所行護摩法壇爲火大三角形壇，其色法爲黑色或綠色，因黑爲風大之色，風有摧破之力用也，且黑有滅餘色之力用，故能爲降伏相應之色。

此法本尊爲金剛部的諸尊，修行者向南方蹲踞，焚燒薪材以苦木爲主。修降伏法時，自心應安住於無量的大慈大悲當中，悲憫外魔怨敵因貪、瞋、癡煩惱業識所染，不改其惡行而反造重罪，將成爲斷善根的一闡提，永墮生死輪迴之苦海。

因此，外現大惡忿怒相，心住於大悲心中以斷除彼等煩惱妄執，但是修此法時要注意：行者若以瞋恨心修此法，則與佛法不相應，更使自身造三惡業，反墮三途苦，所以行者修此法時，應謹慎小心。

修此四種護摩法時，最重要的，自心要安住於三平等觀，以大悲願故，如幻修持此法，以成就利他自利的菩薩行。

除了理護摩外，此四種護摩所須之事護摩如護摩壇形、時分、供物、護摩木、念誦真言、坐法、燈油、色法、經典出處等事，於後表一一說明。

種類	息災	增益	敬愛	調伏	出典
梵語	śāntika 扇底迦	puaṣṭika 布瑟置迦	vaśīkaraṇa 伐施迦羅怒	abhicāraka 阿毗遮嚕迦	大日經卷、略出經卷一、仁王軌、准提經、千手軌、不空羂索經卷九
壇形	圓	方	蓮花	三角	大日經卷七、千手軌
色	白	黃	赤	青黑	大日經卷七、仁王軌、准提經
護摩木	甘木	果木	花木	苦木	瑜伽護摩軌
	白檀	白檀 加少鬱金	鬱金	柏木	千手軌
燒香	沉水	白檀	丁香、蘇合香、蜜	安悉香	千手軌
燈油	酥	油麻	諸果	芥子	千手軌

飲食		三白食（粳米飯和乳酪酥）				千手軌
時分		一日至八日	九日至十五日	十六日至二十二日	二十三日至盡日	仁王道場軌、供養儀式
		一日至八日	九日至十五日	二十四日至盡日	十六日至二十三日	諸部要目
起首時		初夜	日出	後夜	日中或中夜	仁王道場軌、供養儀式
方角		北	東	西	南	略出經卷一、大日經卷七、准提經、千手軌
坐法		蓮	吉祥	賢	蹲踞	大日經卷七
		薩埵跏	蓮花	賢	鉢嘌多里荼立或嘔倶吒	略出經卷一
		吉祥	結跏	賢	蹲踞	准提經
		吉祥	蓮花	賢	丁字立或蹲踞	羂索經卷九
心		憺怕	悅樂	喜怒	忿怒	大日經卷七
		慈	喜悅			千手軌
		憺怕	愉悅	愉喜	嬐懠	羂索經卷九

眼	慈悲	金剛	明目	瞋怒	略出經卷一
	堅固慈悲	歡喜開敷	極惡動搖	顰眉破壞	大本教王經卷七
	慈	法	熾盛	忿怒	諸部要目
念誦	默	不出聲	出聲	大聲	仁王道場軌
真言加句	初唵後莎訶	初後納麼	初唵後麼發	初後吽發	大日經卷七、供養儀式

五種護摩

其次是五種法，又作五種護摩，是指前四種法之外，另加鉤召法。前四種法已述，不再重提，現在說明鉤召法。

鉤召法是修行者為了使如來事業得以延續並弘傳，修此法以使眾生能歸伏於佛法，隨行者的意樂而行一切善法。

此法以法身毗盧遮那金剛鉤之印契，鉤召攝持一切眾生使之歸依佛法。

其法以半月形雜色爲護摩壇之形色，以羯摩部諸尊爲本尊，修行者隨意欲於任何一方結半跏趺坐，焚燒薪材以刺木爲主。

此法係與金剛界五部、五智的內證相應的修法，其火壇、火壇文、色、護摩木、起首時、方向及坐法等，皆有不同。

種類	息災	調伏	增益	敬愛	鉤召	瑜伽護摩軌
五部	佛部	金剛部	寶部	蓮華部	羯摩部	
五智	法界體性	大圓鏡	平等性	妙觀察	成所作	
火壇形	正圓	三角	正方	蓮花葉	金剛形	十一面軌、瑜伽護摩軌
火壇文	輪	獨股	三股	蓮花	鉤	十一面軌、瑜伽護摩史
色	白	黑	黃	赤		瑜伽護摩軌
護摩木	甘木	苦木	果木	華木	刺木	瑜伽護摩軌
起首時	初夜	中日	初日	夜分	一切時	瑜伽護摩軌
方向	北	南	東	西	諸方	
坐法	吉祥	蹲踞	全跏	賢	半跏	瑜伽護摩軌

又於五種法中，就其所生功德而言，每一法均含有其他四法的功德，故稱爲五法互具。

如息災法，修行此法可除去貪、瞋煩惱，或止息國家的災難，此爲息災之意義。

除去貪瞋煩惱之無明的同時，又可增長定慧的功德及外在的種種福德，此即增益的意義。

而諸功德善業得增長時，則漸次可摧破無明煩惱、滅諸災殃，此爲調伏之意義。

又依此等功德善業，而無戰亂諍鬥之事，並得諸佛菩薩的庇護，此爲敬愛的意義。

由此等功德，能使諸善業集生、萬法現前，此爲鉤召之意義。

由以上可知，一法能含其餘四法的功德。

三種護摩與六種護摩

其次，三種法，又稱三種護摩，是指息災、增益、調伏等三法，係與胎藏界三部內證相應的三種修法。

六種法，又作六種護摩，即由五種法中之增益法所開衍出延命法，其修法略異於增益法，以法身如來不生不滅的三密，加持自身或他身，轉定業而使壽命延長的法門。

其所用壇形、色法、護摩木、坐位皆以增益法爲準，而特以普賢延命菩薩，爲此修法的本尊，藏密則以五長壽佛爲主要修法的本尊。

東密、藏密護摩異同

在東密或藏密的瑜伽部中，護摩法號稱四大部門之一，其餘爲十八道、胎藏界念誦法、金剛界念誦法三者，皆爲祈求悉地（成就）的主要行法。而藏密宗喀巴祖師所著《金剛道次第廣論》第六卷中，也標舉護摩火供爲求得悉地的重要法門。

在陳上師的《曲肱齊全集》㈢中的「護摩儀軌集」裡，將護摩法的主旨，分述爲破貪以圓滿供養諸佛或天神，爲補充念誦閉關等功課之闕漏，爲求各種悉地，爲求本尊歡喜，消除二障，速得圓滿起分、證分的成就，爲增益資糧利生善事易得成就故，包括爲其他一切善事，如爲建寺、度亡、求晴、求雨……等而舉行護摩火供等六個主旨。其中以爲求本尊歡喜、消除二障、快速圓滿起分、證分的成就，爲無上瑜伽部的藏密所特有，東密的密法中沒有無上瑜伽部的修法，故無此護摩主旨。

而在護摩的修法上，東密的修法次第詳細且細密，頗易獲得護摩的功效；藏密多用無上瑜伽部法，其結界、護身等一切較爲簡略，許多手印與咒語也簡化了，但特重觀想。

其差別在於東密瑜伽部中，三密平等重要，不可偏廢其一；而藏密的無上瑜伽部中，則以爲「身」的手印、「語」的咒音皆是輔助「意」的觀想，所以特別重視意密。

護摩法的供物

行者在修護摩法時，首先必須將外護摩所行之事準備妥當，才能入壇修法。

其中尤以所需的供物，必備「閼伽（淨水）、塗香、花鬘、燒香、飲食、燈明」等六種供養物，這些供養物，在密法中皆爲「見惑、思惑」的煩惱執著的表徵。

如酥油，表所知障或根本無明；百八乳木者，代表百八煩惱；散香者，代表微細之煩惱；丸香者，代表堅固之煩惱；五穀者，代表五趣（地獄、餓鬼、畜生、人間、天上）的異熟因（指能變異成熟使果法實現的因）；飲食者，爲五趣之異熟果（經變異而成熟的果）也。

又護摩的供物，即是六波羅蜜之行。灑淨漱口之水，即是布施波羅蜜；散香、丸香者，即表精進波羅蜜；飲食、五穀者，即爲禪定波羅蜜；壇木、乳木、酥油者，爲行般若波羅蜜。故修護摩法，即是修持六波羅蜜。

因此，整個密法所行的護摩法，即使在表詮以阿字本不生的實相智火，焚燬生死流轉煩惱無明業苦之三途。即將無明煩惱所成的苦業，以智慧火焚燒而入於法性光明中，則顯示煩惱即菩提、生死即涅槃的真諦義。

供品準備原則

又在供品的準備上，藏密依所修法的不同，其供品也有差異。陳健民上師在「護摩儀軌集」中，提到供品的準備原則有四：

■形色原則

息法供品取圓形的物品，如息除病患可用圓形的薄荷糖；增法取方形，如蛋糕、麵包等具方形者；懷法則取半月形，或具鉤狀者，如芙蓉花、蝦米乾等是；誅法取三角形，或具有刺的花朵，如菱角、玫瑰等。

■顯色原則

息法供品以白色爲主，如白糖、白乳、白酪、白酥；增法黃色，如金泥、金箔、金葉、黃豆；懷法紅色，如紅檀、白蘭地酒等；誅法黑色，如黑芝麻、黑豆等。

音義原則

如梨子用於息法，取其音與離字相近。破布子用於誅法，取其字義與誅法之旨相合也。相思子、合歡皮，用於懷法，亦取其思想理路與法相應也。桃子用於增法以增壽；棗子用於增法以早生貴子；石榴多子，用於增法以多男子。

這些方法的運用，有賴於行者會心理路與法匯合而相應。佛法無定法，而緣起微妙勝德，有其不可思議因緣。

活用原則

在西藏高原所有的物品，未必他處有之；而他處可供的供品，而西藏未必有。

如要靈活運用，則要了知原理原則，而隨時隨地配合因緣，來做供養。

如息法可利用薄荷糖來消除病苦，取薄荷糖白色、圓形、藥品，在色、形、義三種口訣同時具足，所以原則具足則便成就因緣。

所以行者可當隨時觀察事物的緣起，形色、顯色、名色、音義、法理，加以融會貫通，匯成法界緣起殊妙作用，則可成就廣大供養也。

如經中云：「懷法宜紅色、宜用魚、宜用具鉤之物。」若以蝦米乾活用之，蝦米乾爲紅色、屬魚類，其乾後全身成一鉤，適合用於鉤攝懷法。

除此之外亦有其特別的供品，如菩提枝於四種護摩法皆有，且其供養居一切供品之先，這緣起的妙用是取佛陀在菩提樹下成就，所以先供其根本。

又如代表紅白菩提心的雙運供品，爲懷法火供所用，是屬無上瑜伽部所有，而東密瑜伽部無此供品。

火壇架構

最後，在架壇上，陳上師也提及：

瑜伽部架壇，見其護摩法中，較爲簡單；無上瑜伽部藏師所用，則依形色原則而分四種：息法用八枝薪疊成圓形，其法先疊四方，再在四方之上，疊四隅四枝，使八枝相疊之中空，形成圓周。

增法極簡單，即用四枝疊成四方便是。

懷法半月形，用六枝，近身旁先架一長枝以為月之絃，再在遠身旁，架一較為略短者，然後在此二枝左右如梯形內空上變成月之孤形矣。

誅法用正三角形，即用三枝相架，其正角向外，取誅他之義。」

而在各法的火壇，對於長、寬、高的長度，則沒有硬性規定大小，全視供品多寡而定，而瑜伽部有其一定的規格，又其壇高以五層、七層或九層為主。

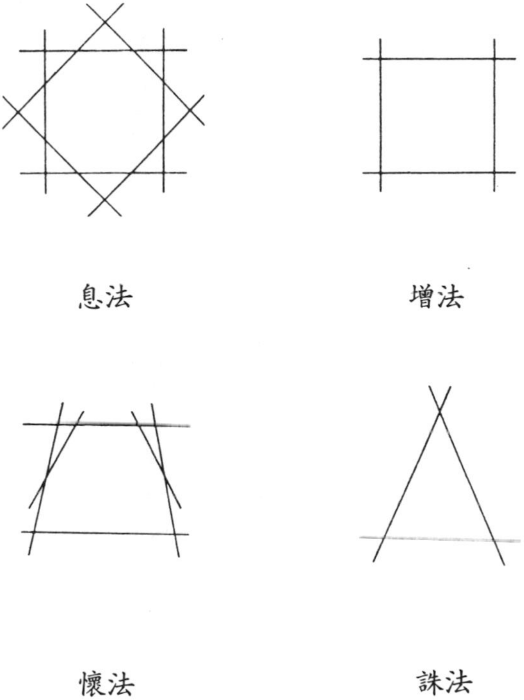

火壇四法架壇圖

護摩法軌

吉祥願滿藥師琉光佛息法儀軌

本護摩儀軌爲筆者依陳健民上師〈護摩儀軌集〉中的「東方藥師如來消災延壽火供儀軌」及筆者個人修護摩法的經驗改編而成，僅供行者參考。其儀軌如下：

修法前，先持誦藥師佛真言二十一遍。

■藥師如來大陀羅尼

曩謨羅怛曩怛羅夜耶一　那謨金毗羅二　和耆羅三　彌佉羅四

Namo ratna-trayāya namo kimvira vagira mikhara

安陀羅五　摩尼羅六　素藍羅七　因達羅八　婆耶羅九

aṃtara maṇira suvaṁra indra vayara

摩休羅十　真持羅十一　照頭羅十二　毗伽羅十三

makura citara sotura vighara

那摩毗舍闍瞿流十四　毗留離耶十五　鉢羅頗囉闍耶十六

ṅamo vicajya kuru bhairuriya prabha rājāya

怛姪也十七　唵毗舍施毗舍施十八　毗舍闍十九　娑摩揭帝二十

tadyathā om bhisaja bhiṣaja bhaiṣaijaye samo khate

婆縛賀二十一

svaha

■藥師如來大咒（滅除一切眾生苦惱咒）

曩謨一　婆縛帝二　佩殺紫野三　虞嚕四　吠哩也五

Namo$_{1}$ bhagavate$_{2}$ bhaiṣajya$_{3}$ guru$_{4}$ vaidūrya$_{5}$

皈命一　世尊一　藥三　師四　琉璃五

鉢羅婆六　羅惹野七　怛他蘗多野八　羅喝帝九

prabhā$_{6}$ rājāya$_{7}$ tathagataya$_{8}$ arhate$_{9}$

光六　王七　如來八　應供九

三藐三沒馱野十　答儞也多十一　唵十二　佩殺爾曳佩殺爾曳十三

samyaksambodhāya$_{10}$ tadyatha$_{11}$ oṁ$_{12}$ bhaiṣajye-bhaiṣajye$_{13}$

正遍智　所謂　供養　藥藥

佩殺紫野三摩弩蘖帝　娑縛賀

bhaiṣajyasamudgate$_{14}$ svāhā$_{15}$

藥發生　成就

■小咒

那莫一　三滿多母馱南二　唵三　戶嚕戶嚕四　戰拏哩五

Mamaḥ$_{1}$ samanta-buddhānām$_{2}$ oṃ$_{3}$ huru huru$_{4}$ caṇḍari$_{5}$

歸命一　普遍諸佛二　歸命三　速疾速疾四　暴惡相五

摩蹬儗六　娑賀七

matangi$_{6}$ svaha$_{7}$

象王（降伏的相）六　成就七

■如來定力琉璃光陀羅光

怛姪他　具謎具謎　鞞尼謎膩四　末底末底　馺頭怛他揭多　三摩地頞

提瑟恥帝

頞帝末帝波例　波跛輸但備　薩婆波跛那世也　敎睇勃圖

唱答謎鴟　謎矩謎　佛鐸器怛羅　鉢里輸但彌曇謎昵曇謎　謎嚕謎嚕

謎嚧尸揭灑薩婆哥羅　蜜栗　尼婆嚬備　勃提蘇勃睇

佛陀陀頞提瑟侘泥娜曷喀　叉覩謎　薩婆提婆

三謎頞三謎三曼捿　漢嘛覩　謎薩婆佛陀菩提薩埵　苫謎苫謎　鉢喇苦

謎曼

覩謎　薩婆伊底鴟　波達婆薩婆毗何大也　薩婆薩埵難者　晡嚫泥晡嚫泥

補闌也謎薩婆阿舍　薛琉璃也　鉢唎底婆細　薩婆波跛　著楊羯囇莎訶

〈藏音〉

爹雅他姑墨野，姑墨野　伊墨野　呢　米　哈衣

Dat-yada gu meh gu meh e meh ne me he

媽德衣媽德衣，沙達巴　達他嘎達　沙媽打牙，德衣切爹・啞爹媽爹

mademade sub-da datagada samada-ya de chitdeh a dehma

巴咧巴巴木梭達呢　沙蛙爾巴巴木，納沙牙，媽媽，不德黑不多達墨野

balehbabum shodane sarvababum nashaya mama bu-dei budodameh

烏墨野姑墨野不達車渣，巴咧梭達呢　達墨野呢達墨野墨野嚕，

oo meh gu meh bu-da chenja bareshodane dameh ne da meh meh ru

墨野嚕，墨野嚕施卡咧　沙蛙爾啞嘎拉墨野達育呢巴囉呢

mmeh ru meh ru shekareh sarva ahala meh da-yu nebarane

不德黑蘇　不德黑不達啞德衣叉那　辣錢都墨野沙蛙爾爹蛙，

bu-dei su bu-dei bu-daa de chana rachendu meh srva deh va

沙墨野啞沙墨沙面哈連都墨野沙蛙爾不達，波德衣薩多，

sa meh a sa meh samenha ren-du meh sarva bu-da bo de sat-do

刷墨野刷墨野不刷面都墨野沙蛙爾伊達育，巴渣蛙，

shameh sha meh bra sha men-du meh sarva e da-yu bajava

必打牙，不囉聶，不囉呢，不囉鴉野野沙蛙爾啞刷牙柄租鴉，

betdaya buraneh burane buraya meh sarva ashaya ben ju-ya

不囉德衣巴些，沙蛙爾巴巴木叉央嘎累，梭哈。

bra de bahseh sarva babum chayang-ga rei soha.

■短咒

在修法時，可隨時持誦短咒：

唵　佩殺爾曳佩殺爾曳　佩殺紫野三摩弩蘖帝　娑縛賀

om bhaiṣajye-bhaiṣajye bhaiṣajyasamudgate svāhā

一、乞地

緣想地神女黃色從地湧出，受加持後允許借地，然後隱入地下。行者以金剛杵向所乞地，作壇之中心，先橫放，次直放，觀想修法之地成金剛羯摩地基；念藥師佛真言加持之。本法乞地以後，即觀想本地成爲藥師淨琉璃世界。

頌曰：

如實現觀法界體　琉璃淨土熾然顯

無分別中滿眾願　廣大圓滿勝瑜伽

二、發心

如尊廣大圓滿慈悲心　勝願現前眾生咸成佛

三輪體性空寂藥師願　如尊勝行一切皆圓成

三、祈請

一心頂禮

本師釋迦牟尼佛

東方藥師琉璃光佛

善名稱吉祥王如來

寶月智嚴光音自在王如來
金色寶光妙行成就如來
無憂最勝吉祥如來
法海雷音如來
法海勝會遊戲神通如來
日光遍照菩薩摩訶薩
月光遍照菩薩摩訶薩
文殊師利菩薩摩訶薩
觀世音菩薩摩訶薩
得大勢菩薩摩訶薩
無盡意菩薩摩訶薩
寶檀華菩薩摩訶薩
藥王菩薩摩訶薩

藥上菩薩摩訶薩
彌勒菩薩摩訶薩
普賢菩薩摩訶薩
虛空藏菩薩摩訶薩
金剛手菩薩摩訶薩
除蓋障菩薩摩訶薩
地藏菩薩摩訶薩
宮毗羅大將
伐折羅大將
迷企羅大將
安底羅大將
頞儞羅大將
珊底羅大將

因達羅大將
波夷羅大將
摩虎羅大將
真達羅大將
招杜羅大將
毗羯羅大將

藥師十二微妙上願：

第一大願：願我來世得阿耨多羅三藐三菩提時，自身光明熾然照曜無量無數無邊世界，以三十二大丈夫相、八十隨好莊嚴其身；令一切有情如我無異。

第二大願：願我來世得菩提時，身如琉璃，內外明徹，淨無瑕穢，光明廣大，功德巍巍，身善安住；焰網莊嚴，過於日月；幽冥眾生，悉蒙開曉，隨意所趣，作諸事業。

第三大願：願我來世得菩提時，以無量無邊智慧方便，令諸有情皆得無盡所受用物，莫令眾生有所乏少。

第四大願：願我來世得菩提時，若諸有情行邪道者，悉令安住菩提道中；若行聲聞、獨覺乘者，皆以大乘而安立之。

第五大願：願我來世得菩提時，若有無量無邊有情於我法中修行梵行，一切皆令得不缺戒，具三聚戒；設有毀犯，聞我名已，還得清淨，不墮惡趣。

第六大願：願我來世得菩提時，若諸有情其身下劣、諸根不具、醜陋、頑愚、盲聾、瘖瘂、攣躄、背僂、白癩、癲狂種種病苦；聞我名已，一切皆得端正黠慧、諸根完具，無諸疾苦。

第七大願：願我來世得菩提時，若諸有情眾病逼切，無救、無歸、無醫、無藥、無親、無家，貧窮多苦；我之名號一經其耳，眾病悉除，身心安樂，家屬資具悉皆豐足，乃至證得無上菩提。

第八大願：願我來世得菩提時，若有女人為女百惡之所逼惱，極生厭離，願捨女身；聞我名已，一切皆得轉女成男，具丈夫相，乃至證得無上菩提。

第九大願：願我來世得菩提時，令諸有情出魔羂網，解脫一切外道纏縛；若墮種種惡見稠林，皆當引攝置於正見，漸令修習諸菩薩行，速證無上正等菩提。

第十大願：願我來世得菩提時，若諸有情王法所錄、繩縛鞭撻、繫閉牢獄，或當刑戮，及餘無量災難凌辱，悲愁煎迫，身心受苦；若聞我名，以我福德威神力故，皆得解脫一切憂苦。

第十一大願：願我來世得菩提時，若諸有情飢渴所惱，為求食故造諸惡業；得聞我名，專念受持，我當先以上妙飲食飽足其身，後以法味畢竟安樂而建立之。

第十二大願：願我來世得菩提時，若諸有情，貧無衣服，蚊虻、寒熱晝夜逼惱：，若聞我名，專念受持，如其所好，即得種種上妙衣服，亦得一切寶莊嚴具：．華鬘、塗香、鼓樂、眾伎……隨心所翫，皆令滿足。

清淨光明無礙明光　赤裸法性通身清涼
如實大願如幻體現　眾生成佛法界呈祥

外病內病禪定病　無智生病菩提病
大悲不生無力病　大樂不遍深空病
法性分別有得病　直至成佛之眾病
祈尊大悲空智力　無量光明本無病
外魔心魔秘密魔　死魔天魔可笑魔
五蘊諸魔煩惱魔　能障無生一切魔
大悲中斷諸魔羅　自他受用不圓魔

有所得魔最後魔　遮斷金剛三昧魔
祈尊法性光明力　十二大願祈擁護
諸魔現空大悲顯　如實了悟魔空如
直顯悲空伏魔力　無修無證如尊圓
六大現前眾災難　地難水難火風難
空難無非五毒難　只因錯認根本難
識中流出三業難　三業所成共業難
當了根本除眾難　我慢大執生結難
地大緊澀無潤難　不鬆體性地成難
緊住生礙地震難　了悟現空如幻住
心空體鬆離地難　貪生大水瞋火劫
癡成空礙無自在　五大眾難共相會
旋成人間眾障難　心難身難境成難

生態環境地球難　一切源於無悲智
三昧不證無救力　妄認億劫生死本
愚癡錯認本來人　識神妄用引五毒
身口意用成共業　甚深懺悔六根淨
端坐實相真懺悔　三業清淨悟本然
轉識成智藥師佛　現見大願琉璃光
藥師如來體性尊　遍照明光法界淨
如幻悲智用大力　全體清淨離災難
無生無死以願活　大慈大悲大成就
現前如法琉璃國　祈尊賜護永福祐
一切障難現無生　南無藥師琉璃佛
南無善名稱如來　南無寶月智如來
南無金色光如來　南無無憂勝如來

南無法海音如來
南無十二大願王
南無日光摩訶薩
南無文殊大菩薩
南無大勢至菩薩
南無寶檀華菩薩
南無藥上大菩薩
南無普賢大菩薩
南無金剛手菩薩
南無地藏大菩薩
南無宮毗羅大將
南無迷企羅大將
南無頞儞羅大將

南無法海會如來
南無淨琉璃世界
南無月光摩訶薩
南無觀世音菩薩
南無無盡意菩薩
南無藥王大菩薩
南無彌勒大菩薩
南無虛空藏菩薩
南無除蓋障菩薩
南無琉璃勝海會
南無伐折羅大將
南無安底羅大將
南無珊底羅大將

南無因達羅大將　南無波夷羅大將
南無摩虎羅大將　南無真達羅大將
南無招杜羅大將　南無毗羯羅大將
祈賜吉祥住琉璃　無有苦惱示淨光
眾生如尊現成佛　常寂光海子母會

四、加持鈴、杵、鼓

於鈴杵空性上觀不動父母（父杵、母鈴），彼等化光入於杵、鈴，於右掌上觀月，左掌上觀日，右持杵，念「麻哈班札吽」；左持鈴，念「班札假走阿」。以杵觸心三下，同時振鈴三下，念頌曰：

五大現前常寂光　五智圓滿勝吉祥
法界體性如實佛　福智成就最無上

次念「加持鈴、杵咒」：

「嗡沙哇打他嘎打　洗底班札　三昧耶　底叉　嘔扯司當　打惹雅米班札沙朵　黑黑黑黑黑　吽吽吽呸　娑哈」

次念：「聲空三昧召請諸佛咒」，同時以杵觸心，表開啟心性本具諸佛得以警醒。次以鈴口向內、向頂上，四方、八面（先四方，後四隅）搖動，以召請十方諸佛之加持。

「嗡班札　梗札惹里打　抓惹里打　爽抓惹里打　沙哇不打肯札　抓札里縷　抓札拔里米　梗札打那惹　爽哈比打　班札打媽洗打雅　沙哇扯里吽吽吽　火火火　阿康娑哈」

五、守護

三角食子是以糌粑、紅、白糖和成，分作葷、素兩個。三角食子高可三吋，作長三角柱形，以紅顏料和酥油染者，作爲葷者；其素者則不用染紅。素者供諸天龍神明，葷者供諸忿怒明王、藥叉等護法。

初念：「嗡嗒嗒　嗒黑以　嗒黑以」（意謂：請嘗！請嘗！）

次念：「祈禱頌」，此頌爲古人沿用甚久者。凡經古人沿用甚久，其加持必大，諸天龍亦慣聞之，而易接受。頌曰：

諸八大護守界神　一切藥叉及眷屬　領納此呈供食子　願瑜伽士及眷屬
無病長壽得自在　功德美譽及善種　勝妙受用咸感得　特於息災之事業
祈為助辦賜成就　具誓本願為守護　各種成就祈助辦　非時死與諸違緣
祈消滅諸魔障等　惡夢與彼惡相等　祈免一切凶惡事　世間安樂禾稼豐
五谷盈登法增長　賢善妙樂悉圓滿　祈垂隨欲皆成就　汝等成黑方神者
於甚深祕密儀軌　未得見聞之自在　汝等各自他方去　倘若違越我之命
以熾燃金剛天杖　碎汝頭顱百數分

次念：「四吽咒」，灑芥子以驅魔。同時事業金剛，立即將預陳在佛案之側兩個三角食子，棄於遠方；觀想靜寂、忿怒兩類護法，皆已受用滿願，各隨行者所命而守護之。　咒曰：

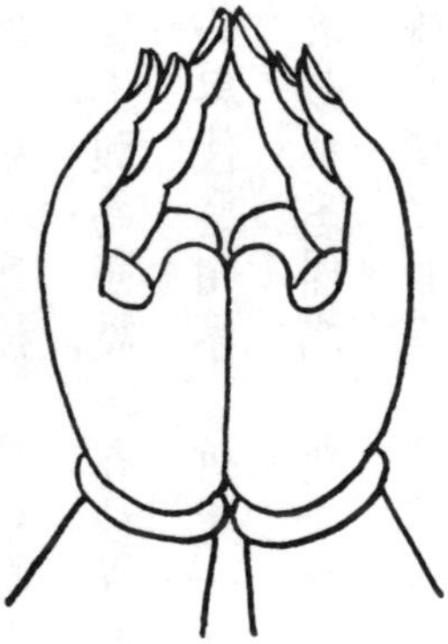

金剛網印

「嗡松巴里　松把里　吽吽呸　嗡格里哈那　格里哈那　吽吽呸　嗡格里哈那巴雅　格里哈那巴雅　吽吽呸　嗡阿那雅火　巴嘎蘊　比雅攬扎　吽吽呸」

次結「金剛網印」，其法出自陳上師之《光明法藏》，即二掌相合，二中指頭相抵，二無明指外遶中指之背，二頭指屈壓二無明指上，二小指、二拇指各屈於掌中；外形似五鈷杵，中指中央一鈷特長，餘四略短，以中指為主力所在，初向四方，次向四隅，次向上方，次向下方，用力舉出。想金剛網由此散佈。結界之內，火焰即由各杵發出，一切魔鬼無法入內。

六、加持供品

修法時，鈴、杵除結手印之外，不可離手；加持供品，即用盛瓢上承，灌瓢下合；如本尊父母雙融而出生甘露，以此甘露，加持供品，則成無上空樂之妙供。持瓢時，鈴、杵仍在手中，以瓢遙指各供品，口念「嗡叉叉叉叉叉」，於一切供品上加持之。

七、安座並禮讚

如佛坐吉祥草上證菩提果，所以應當獻供吉祥草於火壇四週，由左向右排列之。

火壇中有兩重座位，下方爲火神之座，上方爲本尊之座；而事實上火壇已架成，火壇底已如法繪製壇城，其上已堆滿引火之薪及紙等，所謂下方架火神座者，惟依觀想耳。

故當在火壇口，先架火神座，再於此上，次架本尊座。四週者四根吉祥草，座上者即架十字形，草尖向前，順次架成兩十字座。

㈠安火神座

如前安吉祥草已。頌曰：

除世間暗普光焰外座　　智火悲壯除魔之內座

息法火供壇城圖

喜笑柔克勝成就密座　無不吉祥請住密密座

觀三昧耶火神

頌曰：

蓮月座上現朗རཾ字　轉成息災白火神　一面二臂右持灶

左手仙壺仙人相　其髮甚多具威嚴　大腹以白梵線飾

次迎火神智慧尊人法座，以右手握舉吉祥草作無畏施手印，左手握右手之小腕，右大指於無明指末節捏動三次，作歡迎勢。口念「札格吽札」而召入之。入已，讚曰：

世間自在依怙法王子　已得事業灌頂火神王

殊勝智慧燒除彼惡障　能助大事尊前恭敬禮

(二)安本尊座

頌曰：

清淨琉璃寶王座　吉祥光明大願座

無死勝利菩提座　究竟全佛法界座

觀本尊

頌曰：

威猛寂靜法身藍　圓滿光明大醫王

藥壺柯子慈悲主　莊嚴眾生成法王

本尊讚：

東方妙生大圓滿　淨琉璃界大燄網

廣大勝願眾生佛　禮敬無上大願主

普賢十大願王三昧明穗（亦名隨集功德論）

法界體空全禮佛　讚嘆藥師不思議

身口意淨勤供養　懺悔業障住實相

功德廣大勝隨喜　祈請法輪如法位

藥師住世無量壽　願隨佛學無生滅

眾生隨順咸成佛　普皆迴向法住德

八、加持薪

頌曰：

即災苦薪能生智慧火　供已聖凡同享大淨樂

九、加持油

此油脂助火之燃料，非供品中之酥油。此油除先供火神，後謝火神外，二者之間，視其火壇之需要，亦可以供本尊，次數不拘。

頌曰：

妙油能生白淨般若火　供已燒盡六道諸苦毒

十、舉火

其法先將安在灶之東南角位之糌粑燈，移入火壇中心，事業金剛當以事先預備之引火紙條等，和油在燈上點燃，然後就火壇上面，及四週所安引火淨紙，各處同時引燃。

行者即以右手中三指直出，拇小扣入掌內，口念　朗字三聲。朗者，火之種子字也。念時即以此印向火壇中心，右旋三度，以加持之。次以白綾所作大扇（即以一尺五吋見方之白綾，上書　養字；養字表風大），雙手向火壇，上下撲火三次。隨念頌曰：

養養養　般若般若　麻哈般若　般若般若　經常般若

般若般若　覺觀般若　般若般若　寂靜般若

供油一瓢，並就各種供品中，先取出少許，先供火神，觀想火神受後歡勢，化成火光，以助火供。之後供本尊時，每種皆留少許，將於供本尊後，再以此物酬謝火神。供法詳後。

觀火像

此雖列於舉火之後，然所觀火像，並未限於此一期中。自開始舉火，乃至火供完畢，全部事業中，皆宜隨時觀察火像，憑此可預測施主所求之結果。

《燒供光穗經》所載火供火像，頌文曰：

吉祥如意結拂傘　或如寶幢與蓮花　三尖寶劍及魚相
色如綠色翠玉吉　或現金剛海螺相　灌瓢或盛瓢之相
白色虹霓相亦吉　右旋與極光潤相　珊瑚色與黃金色
寶琉璃色與銀色　如日光明無有垢　無煙且具有香氣
如二面鼓聲為勝

至若不吉火相，亦依彼經所載，鈔錄如次：

煙氣騰騰火星裂　驟然遍焚具裂聲　火尖分裂或難燃

當舉火時，其東南角糌粑燈，捧入火壇中心，然後將其外護的紙盒移開時，或事業金剛就其燈上點火時，失手將火熄滅，或被風吹熄，或祈禱文太長，未入壇中，先已油乾，當就原來借火之火種上，再點燈，不可遽用火柴直點此燈；火柴之上，藥物有毒故。

供火神

觀火壇火勢已上升，得前供油後，火力已不致被供物所撲滅，即以所預備之火神供品，供與火神，口念供火神及眷屬咒曰：

「嗡　阿那也　沙巴里哇那　喀喀　喀黑以　喀黑以」

次讚之曰：

世間自在依怙法王子　已得事業灌頂火神王
殊勝智慧消除諸煩惱　能持火神尊前恭敬禮

次祈求之曰：

我阿闍梨及眷屬　心住正法行事業　于中能作障礙者

及諸罪業與病魔　沙哇辛當古魯也娑哈

如法供已，火神及其眷屬非常歡喜，皆化成火光，助我事業；以下直至火供未完前，想火光即火神，不另觀火神。

最後酬謝時，則本尊已歸其本淨之土，而火神如前觀想者，復現於火壇中。

十一、正式供本尊藥師如來

供菩提枝

頌曰：

菩提樹現琉璃世界　四十一如眾生圓滿

全佛光明淨無量壽　初二大願功德圓滿

持菩提枝，順其上下方向，直立供於本尊座後，觀想在火中成熟大菩提樹，在本尊座後，其蔭圓蓋本尊之身。

次念「供菩提枝咒」曰：

唵　佩殺爾曳佩殺爾曳　佩殺紫野三摩弩蘖帝　娑縛賀

嗡　菩提支扯也　娑哈（三次）

供芝麻（黑色）

左手食指按住左鼻孔，使右鼻孔出氣，吹於黑芝麻上；觀想行者、施主、法侶、眾生所有一切黑業，能召致災苦病患者，皆變成蜈蚣、毒蛇、毒氣等，入於黑芝麻。然後念咒：

唵　佩殺爾曳佩殺爾曳　佩殺紫野三摩弩蘖帝　娑縛賀

嗡　沙哇巴榜辛登古魯也　娑哈

頌曰：

大黑法性密虹光　現供全顯琉璃光

如尊吉祥法界光　大願圓滿常寂光

供芥子

咒曰：

唵　佩殺爾曳佩殺爾曳　佩殺紫野三摩弩蘗帝　娑縛賀

嗡　沙哇　阿叉洗打也　娑哈

頌曰：

一切障礙如空幻　魔網境難人禍無

九十大願樂圓滿　無上正覺威德光

大樂空智圓法界　本初呈祥琉璃王

供三白、三甜（三白即白乳、白酪、白酥；三甜者：白糖、紅糖、蜂蜜）

咒曰：

唵　佩殺爾曳佩殺爾曳　佩殺紫野三摩弩蘗帝　娑縛賀

嗡　沙哇傘巴斗　娑哈

唸頌曰：

三白琉璃光　三甜大藥師
如緣藥師佛　三願賜成就

供五谷（米、大豆、紅豆或綠豆、大麥、白芝麻）

咒曰：

唵　佩殺爾曳佩殺爾曳　佩殺紫野三摩弩蘖帝　娑縛賀

嗡　沙哇傘巴斗　娑哈。

唸頌曰：

五谷妙力資佛身　五大如幻五智增
五大五谷如火浴　空華佛事隨緣生
十一、十二願成就　法界莊嚴大福果

供五香（沉香、檀香、丁香、龍腦香、鬱金香）

咒曰：

唵　佩殺爾曳佩殺爾曳　佩殺紫野三摩弩蘖帝　娑縛賀

嗡　班札睹白也　娑哈

唸頌曰：

香具眾德　會供佛身

火力增盛　智光清涼

四五願成　菩提戒香

琉璃光佛　賜福圓滿

世出世寶　如雨下注

供酥油

咒曰：

唵　佩殺爾曳佩殺爾曳　佩殺紫野三摩弩蘗帝　娑縛賀

嗡　班札傘巴斗　婆哈

唸頌曰：

供油現生琉璃光　清淨光明悲智王

歡喜現前無量福　賜眾成就願圓滿

供紅白絲線

各一大球，全球爲一線相連未斷，及長針七根，藏於線中，表長壽之意。

咒曰：

唵　佩殺爾曳佩殺爾曳　佩殺紫野三摩弩蘗帝　娑縛賀

嗡　班札阿臾扣　婆哈

念頌曰：

緣起清淨光　現成琉璃王

大藥賜成就　無死壽無量

大力持明主　全佛全法王

供五藥（赤箭、人蔘、茯苓、石昌蒲、天門冬）

咒曰：

唵　佩殺爾曳佩殺爾曳　佩殺紫野三摩弩蘖帝　娑縛賀

嗡　佩沙紫野　婆哈

唸頌曰：

法界盡成藥　眾毒不再生

大藥現全供　眾病自銷融

六七大願成　無病至成佛

眾生如大寶　大福無有量

供五寶（白—硨磲、黃—金、紅—瑪瑙、綠—松耳石或翠玉、藍—藍寶石）

唸咒曰：

唵　佩殺爾曳佩殺爾曳　佩殺紫野三摩弩蘖帝　娑縛賀

嗡　班札摩尼　婆哈

唸頌曰：

五寶外具世間財　五寶內生出世財

五寶密證佛五智　五寶無相法界海
淨願成就佛寶海　一切無求自然來

供金

頌曰：
供金法界性同圓　功德大福大成就
內外一如勝體性　全佛圓滿娑婆訶

供白綢

咒曰：
唵　佩殺爾曳佩殺爾曳　佩殺紫野三摩努蘖帝　娑縛賀
嗡　阿　吽
頌曰：
淨琉璃光明空綢　法爾現供大空樂
無死虹身願住世　圓度眾生悉成佛

供花

咒曰：

唵　佩殺爾曳佩殺爾曳　佩殺紫野三摩努蘗帝　娑縛賀

嗡　不北　娑哈

唸頌曰：

供華現成蓮華藏　淨琉璃國體無別

藥師王佛威神力　能賜自在光明願

八願圓滿賜吉福　法界全佛笑呵呵

供果（以蘋果為佳，可取五或十、十五）

咒曰：

唵　佩殺爾曳佩殺爾曳　佩殺紫野三摩努蘗帝　娑縛賀

嗡　班札克巴雅　娑哈

唸頌曰：

清淨光明果　琉璃持明果
無死虹光果　如尊成佛果

供棗子

咒曰：

嗡　佩殺爾曳佩殺爾曳　佩殺紫野三摩弩蘖帝　娑縛賀

嗡　班札克巴雅　娑哈

頌曰：

願尊早賜無盡財　世出世間雨下來
願尊早賜體性財　無死虹光自然來
願尊早賜大悲財　六度萬行圓具來
願尊早賜智慧財　五智佛慧出生來
願尊早賜長壽財　無量壽命持明來
早賜世出世勝財　如尊藥師王佛來

供八供

咒曰：

唵 佩殺爾曳佩殺爾曳 佩殺紫野三摩竽蘗帝 娑縛賀

嗡 阿港 巴當 不白 睹白 阿努苟 梗等 努尾斗 下打 抓底札也 娑哈

頌曰：

供水水淨一切染行淨 水供清涼大智泉湧生

供花莊嚴佛身妙相具 供香遍薰法界大樂幢

供燈無盡如來正覺心 塗香現具諸佛功德王

供食如幻法悅禪密藏 供樂聲空聞性自寂然

八供現前吉祥喜樂生 具足八供同佛住圓滿

持誦藥師佛真言二十一遍。

酬謝火神

酬謝時，本尊已歸其本淨之土，而火神如前觀想者，復現於火壇中。即以所餘供品供養火神，口唸供火神及其眷屬咒曰：

嗡、阿那也、沙巴里哇那、喀喀、喀黑以、喀黑以

讚曰：

世間自在依怙法王子　已得事業灌頂火神王
殊勝智慧消除諸煩惱　能持火神尊前恭敬禮

次祈求之曰：

我阿闍黎及眷屬　心住正法行事業　于中能作障礙者
及諸罪業與病魔　沙哇辛當古魯也娑哈

如上如法供已，觀想火神及其眷屬非常歡喜，皆化成火光，助我事業。

十二、迴向

㈠普通迴向

慧命由上師所生　生命由父母所生　供物功德主所生
火屬火神水龍王　地屬國家伴是他　此中離我與我所
何因何緣所生喜　彼因彼緣自結果　眾生本具大寂靜
此中非因果所攝　即此離因果火供　願顯大因之大果
未顯果前之災苦　禪定氣功諸障難　法性光中祈寂靜

㈡總迴向

南無東方淨琉璃世界大願教主　藥師琉璃光王佛
淨願成就琉璃光護摩　迴向有情無病無死禍
圓滿成佛如尊大醫王　全佛法界現成琉璃國
平等體性本初無差別　大恩救度娑婆有情眾

皈命大慈大悲藥師佛　憶恩悲淚汩汩不停留
皈命善名稱吉祥王佛　祈請加持眾生大圓滿
皈命寶月智嚴光音佛　祈請加持眾生大福德
皈命金色寶光妙行佛　祈請加持眾生願成就
皈命無憂最勝吉祥佛　祈請加持眾生皆成佛
皈命法海雷音佛陀耶　祈請加持眾生圓悲智
皈命法海勝會神通佛　祈請加持眾生無災障
皈命藥師琉璃光王佛　祈請加持眾生皆成佛
眾生無礙菩提命圓滿　五毒三業病魔災障銷
地水火風空識一切災　人禍戰爭人為眾災滅
具足勝福世出世圓滿　淨願成就具德成法王
常住法界全佛能住世　十方佛土清淨蓮華藏
身土不二常寂光圓滿　永憶恩命稽首無盡藏

㈢、特別迴向

即隨火供施主所請求者而迴向之。如有疾病，更求早日康復，則將其姓名、住址、病況，及所請醫生等條件，逐一宣明，請求本尊，特爲庇佑，早日痊癒。

㈣〈百字明〉

念誦〈百字明〉咒懺悔，以彌補修法過程中之任何缺失。

嗡　班雜爾薩埵　薩馬亞

（最崇高之讚嘆語）金剛薩埵戒誓、戒定慧的三昧耶誓句

馬努巴拉亞　班雜爾薩埵得努巴　地踏地都美巴哇

金剛薩埵請賜與護佑　永遠與我在一起

蘇朵卡約媚巴哇　蘇波卡約媚巴哇　阿奴若埵媚巴哇

讓我一切願滿　心中多生起善念　請慈悲加持我

薩爾哇　悉地　美炸亞擦　薩爾哇　嘎爾瑪　蘇雜美

賜予所有（世間及出世間）的成就　以及完成一切事業

只但　歇銳亞　古魯　吽　哈　哈　哈　哈

讓我的心生善念　（代表四無量心、四灌、四樂、四身）

賀　（賀是快樂時所發出之聲……以上之四樂）

班嘎文　薩爾哇答踏嘎答　班雜馬妹悶雜

婆伽梵　一切如來　金剛薩埵阿　請不要遺棄我

班基利　巴哇

請加持我成為金剛持有者

瑪哈　薩瑪亞　薩多　阿

大三昧耶之有情　（代表融於非對待之空性境界）

註：亦可持短咒「嗡班雜薩埵吽阿」，持咒的數目越多越好。

㈤誦本人願文、迴向文

吉祥圓滿！

第三章

四加行

——藏密修法的共同前行

加行原是相對於正行的說法，當我們從事正行之前，爲了使正行能快速而圓滿的成就。因此，在前預先做了種種預備，使正行中可能發生的障礙，及需要的資糧能準備齊全。相對於正行而言，這些預備進行的動作，就是加行。

這就像我們要攀爬一座高山一樣，在爬山之前，先行準備完整明晰的地圖，做好路線的規畫，並預先鍛鍊體力、爬山技術，準備適當的工具及食糧等，以使爬山順利，這些準備，都是加行的動作。

這也像佛經一樣，佛經一般而言，都由序分、正宗分及流通分三個部分構成。如果將每一部佛經，當成一場大法會，序分相當於加行的準備時刻，像人員、法會主題、時間、地點、背景等人、事、地、物都預先籌備完成，這是序分。然佛陀開始講經說法，開始了正宗分，進入了經典的主體。最後把講經說法的成果，以慈悲的心意傳播給大眾，讓大家受益，這就是流通分。一般而言，此時佛陀都囑付大眾流通這個法門，而也會有菩薩或護法，發願守護這個教法。

而加行應用在修行上，就是在我們要開始正式修行某些法門時，所應從事的準備工作。因此，其實所有的修行法門，都有加行的工作。所以，在念前需要清淨身心的加行，在坐禪前有收攝身、息、心的加行，在東密有十八道、金剛界或胎藏界加行。在修護摩的火供前有護摩加行，灌頂也有灌頂加行。

因此，各種法門都可以有加行，而加行也依法門的需要，而如理的安立，以使修行能在無障礙中，迅速成就。

而西藏的無上瑜伽部密法，為了修法的需要，使修證能圓滿成就，也發展出了四種加行，而成為藏密極為重要的根本基礎，也是藏密的重要特徵。

四加行祕義

四加行是修習西藏金剛乘的前行。而這四種加行分別是皈依大禮拜、誦金剛薩埵百字明咒、獻曼達、修上師相應法。其中每一加行都必須修完十一萬一千一百一十一遍，加起來共是五十萬五千五百五十五遍，所以四加行又稱為「五十萬」。

在歷史發展中，幾乎西藏的各個金剛乘教派都視四加行為必修之法，但在修法上或有小部分差異，這是因為各派旨趣不同所致。

四加行的根本思惟

在修習四加行之前，有幾個佛法上的根本思惟，更能使我們決心轉向皈依三寶，精進地修法。

人身難得

首先是思惟人身難得。人道的眾生比六道中其他道的眾生，具有更優渥的條件來建設自己的人生。

天人由於五欲（色欲、聲欲、香欲、味欲、觸欲）享受太過，無法對苦諦有深刻的感受，只有當五衰相（頭上之花萎靡、腋下出汗、衣裳污穢、身失威光或常瞬目、不樂本座）現前之時才會驚醒；修羅道眾生瞋心過重；地獄眾生受苦不斷；畜生天性愚痴，生活以覓食、繁殖爲主；餓鬼道眾生飽受飢餓之苦。這些太苦、太樂的環境，不是使其無法掙脫，就是耽於享樂而不圖精進。只有人間苦樂參半，是激發人向道、修行的好所在。

要投生爲人身的機率，就好像一隻瞎了眼的海龜，要五百年才能浮上海面一次，而它的頭必須穿過海上一塊浮木的洞孔，才可浮出。投爲人身的機率就是如此渺茫。此生既然有幸投爲人身，就該把握機會，改變生命，使其更加昇華、向上。

諸法無常

再者，對於世間無常思惟，也是一個入道的好因緣，尤其是自己親人的死亡驟變，都會帶給人們很大的震撼。而死亡也是大多數人類共同的恐懼。

現在的天災雖然較能控制，但是隨著時代的進步，各種新的文明病、新的問題也陸續出現。但是現代人是否比古代人堅強呢？從某一角度來看，人是變得更脆弱了。如果人類的智慧、悲心，沒有隨著文明進化而進化，反而退化了，那麼我們所創造的文明如何不反撲回人類自身呢？

那麼，面對這樣的人生，無論是痛苦的或快樂的，要如何才能有力地扭轉這一切，進而從中昇華、超越？

苦、集、滅、道四聖諦中的道諦就指出了這一條道路，使人們可以經由修習正法而到達解脫的境地，並使一切眾生成佛，獲得真正的幸福。

如果對上述之事能有深刻的體驗者，對於修行四加行更是勢如破竹，精進無礙。

所以，如果對於輪迴之苦有深切體驗的人，深生厭離心，欣羨成佛的利益，那麼我們修法的決心和力量會比一般人更強。對於不易生起悲心的人，或是對空義難以體會者，也可以藉由修習四加行來清除其障礙。

修四加行之前，應具備信仰和信心。倘若沒有信仰的人來修法也會有所啟發和助益，但若是一個信仰堅定者來修法，更能發揮其廣大力量。

正修四加行

皈依及大禮拜

金剛乘行者修習四加行，首先從皈依與大禮拜做起。皈依裡的「皈依境」是指上師、本尊、佛、法、僧及護法。行者發願將自己的身、口、意一切完全奉獻給眾生，願一切眾生皆能成佛，真誠地皈依、發菩提心。

皈依之後，就表示行者已決心隨從佛法，願將生命與佛法的修行結合在一起。

大禮拜，主要是降伏行者的慢心，表示自己願意完全信服佛法，並信守自己所發的大願。

皈依境（寧瑪派）

修金剛薩埵法

在皈依、大禮拜之後，行者接下來應修金剛薩埵法和百字明咒，修習此法可以淨化行者的身、口、意三業，去除菩提道上的障礙。

一般而言，在做進一步修行之前，行者都必須誦〈百字明〉來清淨懺悔。修此加行時，行者已經心服於佛法了，並進一步淨化自身，能更深入地認識佛法。

百字明

嗡　班雜爾薩埵　薩馬亞　馬努巴拉亞

（最崇高之讚嘆語）　金剛薩埵戒誓、戒定慧的三昧耶誓句

班雜爾薩埵得努巴　地踏地都美巴哇

金剛薩埵請賜與護佑　永遠與我在一起
蘇朵卡約媚巴哇　蘇波卡約媚巴哇
讓我一切願滿　心中多生起善念
阿奴若埵媚巴哇
請慈悲加持我
薩爾哇　悉地　美炸亞擦
賜予所有（世間及出世間）的成就
薩爾哇嘎爾瑪　蘇雜美
以及完成一切事業
只但　歇銳亞　古魯　吽
讓我的心生善念
哈　哈　哈　哈
（代表四無量心、四灌、四樂、四身）

賀

（『賀』是快樂時所發出之聲——以上之四樂）

班嘎文　薩爾哇答踏嘎答

婆伽梵　一切如來

班雜馬妹悶雜

金剛薩埵阿　請不要遺棄我

班基利　巴哇

請加持我成爲金剛持有者

瑪哈　薩瑪亞　薩多

大三昧耶之有情

阿

（代表融於非對待之空性境界）

（以上爲藏文發音）

獻曼達

供曼達是積聚功德與智慧最圓滿而巧妙的方法，而使我們快速地依道而行。

依據不同的加行傳統，可做三十七支供，或像本法中介紹的七支的宇宙曼達供養。

所謂「七支供」即是須彌山、四大部洲、日、月的供養。以下介紹藏密舊派——寧瑪巴的法、報、化三身曼達。

獻供三身曼達

首先使用一個象徵宇宙黃金大地的曼達盤，在盤上灑上燕麥、玉米、豌豆或米等穀物或是供養如琥珀、黃金、白銀、珊瑚和土耳其石等寶石，象徵宇宙的供養。

他們通常用兩個曼盤盤，一個供在佛堂上，另一個則拿在手中供養。曼達使用的方法是將曼達盤拿在左手。用右手放一滴藏紅花水在盤上，然後以拇指和無名指捏一團穀粒，用手腕順時針繞動清淨曼達盤，一邊誦持百字明咒，並發願：「願我與一切眾生障礙悉得清淨。」

同時也可持誦：「嗡　阿莫噶希拉　桑巴拉　桑巴拉　巴拉巴拉麻哈蘇打　薩埵　貝瑪　比布希塔　布渣　達哈　達哈　薩曼塔　阿瓦露吉　吽呸　梭哈」（om Amogashila Sambhara Sambhara Bhara Bhara mahashudha Sato Pema Bibhukshite Bhudza Dhara Dhara Samantha Avalokite Hung Phet Soha）的圓滿戒律咒，以於做供前淨化自己。

供養時持誦「三身曼達供文」，每次供養七堆穀物。供文如下：

嗡　阿　吽

我以雲之外、內、秘密的豐厚供品，

供養三身佛土之三寶、三根本。

請接受供品，賜予共與不共成就。

「嗡 阿 吽 古魯 德瓦 達吉妳 薩巴里瓦拉 拉那 曼達拉布架 美噶 啊 吽」（OM AH HUNG GURU DEWA DAKINI SAPARIW-RA RATNA MAN DALA PUJA MEGHA AH HUNG）

在修習獻供曼達中，行者重複地把整個宇宙獻給皈依境，這樣可以圓滿成就其福德。同時行者體悟到：受者、施者和所供三者都是空的、如幻的，這樣的體認更可以圓成其智慧。

獻曼達象徵行者布施一切，包括行者的身、口、意（法、報、化三身）完全布施，奉獻給皈依境。

修上師相應法

行者修習四加行時，應視上師爲金剛持、是佛陀的化身。上師的心是佛、語是法、身是僧，上師同時具足了諸佛的法、報、化三身。當行者一開始修習金剛乘時，和上師之間就有了三昧耶誓約，能夠完全信服上師的指導，才能得到上師的加持及傳承力量。

同時，上師也代表了此派的傳承，上師所傳的法是累世的祖師大德修行的成果。由於這個殊勝傳承大流，行者才得以接受此豐富的成佛資糧，成爲傳承之流的一員，這對行者是甚深的加持與鼓勵。

修習上師相應法，就是藉由修法的儀軌將上師觀想成金剛持，然後領受其四種灌頂。

修四加行應注意的事項

時間與地點

修習四加行的時間，完全視個人情況而定。

如果是專修的行者，一天修四次，每次至少一個小時以上，是比較理想的；如果是一般在家行者，礙於工作時間，最好也能早、晚各修一次。

理想的修持環境，最好是完全不會受到外界干擾，這樣可以事半功倍。如果不能如此，至少也要做到在修法時請他人配合，不可一邊與旁人談笑、聊天，一邊修法。

現代行者能有閉關專修的機會並不多，所以，即使是只能在家中修法，也不要氣餒或生瞋恨心，只要能持之以恆，修行就能日日有所增長。

此外，能按前述皈依和大禮拜、修金剛薩埵、獻曼達、修上師相應法的次序，每一法修完十一萬一千一百一十一遍之後，再接著修下一個法門是比較理想的方式，因爲每一個法都是下一個修法的基礎，修行會越來越細膩。如果生活條件不允許，或是體力無法負荷，那麼也可以視情況調整。

修習四加行時身、語、意的要點

大禮拜是印度的一種最高崇敬的禮儀。行者五體投地，將身上的九大關節完全投在地上，此是完全皈依、信服之意，可以降伏行者的慢心。此外，藉由做大禮拜，將注意力集中在身體的動作上，也可以訓練行者的定力。

如果能將身、心完全放鬆地禮拜，那麼對於缺乏運動的現代人而言，無疑是最佳的運動，因爲使身、心、脈調柔，身心自然強健起來。

獻曼達時，行者將身外、身內之物都全部布施，一堆堆的供米象徵其布施的一切。

儀軌中的米堆，在傳統中代表著須彌山、四大部洲，這是根據印度的宇宙觀所發展而成，表示行者將其所居住的世界拿來布施，把一切、包括自身都供養皈依境。

念誦儀軌不只是口中稱誦，或是誦經給佛聽；每一次的儀軌念誦就像是在對自己說法一般，一遍又一遍使儀軌的內義深烙於自心中。

四加行的每一個次第，大多須要運用觀想的方法，這對於初學者而言並不容易，建議初學者可以先學習靜坐，再練習觀想，可以增加觀想的定力。如果行者在修法的過程中，心思散漫了，可以暫時停下來，讓心安靜之後再繼續修法。

此外，如大禮拜是屬於運動量較大的修法，剛開始練習時，可能會帶來種種身體上的不舒服，但行者不應因此而退心不前。

如果疼痛真的嚴重到干擾修行的地步，可利用「止觀」的方法，清楚地觀察此「痛」，待心安定下來後再繼續修法。

當然，也有些人並未體會到人身難得、諸法無常的道理，只是把大禮拜當做一種健身方法，但是練習純熟了，也可從中得致利益。

當我們在在修行上遇到障礙時，可以修上師相應法來增強信心，並繼續修皈依、大禮拜和金剛薩埵法來懺悔清淨障礙。

在修行的過程中，有障礙是很自然的，行者應該了知這是前業之果報，如果遇到較大的障礙，則應請教上師，加以克服而繼續精勤修行；即使是因病重無法修行，得暫時放下，也不要就此消沉，可等病好再繼續修行；或是利用生病的機緣，將消沉的心境轉向積極面，繼續在病床上修行，不僅對病情有所助益，修行上則能更上一層。

四加行的功德

世間的種種生老病死、聲光五欲，這些現象常常容易攫住人們的心，使人們繼續造業，流轉於輪迴生死大海。但是可喜的是，不論貧、富、不論種族，只要能誠摯地皈依佛、法、僧、上師，都能受到其加持護佑。佛法能爲眾生指出成就圓滿人生的大道；僧就廣義而言，是一切遵循佛陀教法而行的人；上師，對密宗的行者而言就是在世的佛陀，指導著行者的生活及修行。

大禮拜，象徵著我們最高的崇敬，完全的皈依佛、法、僧、上師，可以降伏行者的慢心；莊嚴而緩慢的禮拜動作，更能使人聚精會神，同時使行者生起對佛、法、僧、上師四寶的信心。

獻曼達，一方面可以消除我們吝嗇的習氣，甚至更進一步，可以使我們對「我」及「我所有」的執著慢慢減輕，是迅速培聚福德、智慧的方法。在經典上有一個故事，是關於一個小氣的人學習布施利他的經歷。

佛陀爲了要幫助這個小氣的人學習布施，就教他先用自己的右手拿東西給左手，再用左手拿給右手。由於習氣使然，他還是很遲疑，後來比較自然了。然後佛陀再教他先從親近的人開始布施，從小量的金錢開始，再推廣到關係不那麼密切的人，金額也慢慢增加，不久之後，他終於成爲一個樂善好施的人。獻供曼達也有異曲同工之妙。

修金剛薩埵法最主要的目的是懺悔。

時時懺悔，能夠使人對惡業心存恐懼，因害怕果報而不敢作惡。同時，由於初學法者，大多不善於守護自身的身、語、意三業，所以一方面藉由修習此法來懺悔以往所作的諸惡業，一方面時時警戒自身不再犯下新的惡業，警惕自己預防種下惡因的力量。

金剛薩埵咒是有淨化作用的咒文，總共一百個字，代表每位寂靜及忿怒本尊的種子字，這百字明咒與行者懺悔之心相應，產生不可思議的力量。

修習四加行之後，行者的信心、誠心、觀照力、悲心都會廣大增加，而且對修法也更能精進，對上師會產生更大的信心，更加了解業力和果報的作用，而使自心更加柔軟。

如果在修完四加行之後，行者的信心反而減退，越來越耽溺世俗之事，對三寶生起懷疑之心，否認佛法，而且越來越自私，比從前傲慢、固執，那麼行者便應好好懺悔，是否修法出了問題？並求助於上師指導。

最後筆者提出四加行的心意明解，供養給有緣大眾：

現前觀照眾生都是佛陀，這不是最高的禮拜方式嗎？

時時心存著：如何使眾生成佛，這不是永無間斷的獻供無上曼達嗎？

無時無刻不懺悔慚愧，安住實相之中，不是將金剛薩埵放在自心中嗎？

隨時與實相相應，將上師放在心上，這不就是上師相應法嗎？

時時刻刻永無斷滅的無上菩提心，不就是最殊勝的加行嗎？

第四章

阿字月輪觀
——密法修證的根本心要

在修持密法時，我們可能會發覺一些重要徵相，那就是月輪。

在密法觀想本尊時，都會先行觀想月輪，再現起本尊。一般行者可能將月輪的觀想，當作例行的儀式來觀想，而沒有加以注意。其實，月輪是本尊觀的重要基礎，因為月輪代表清淨的菩提心，只有透過清淨菩提心，我們才能如理、如實的現觀本尊。因此，月輪其實是一切密法的重要基礎。

月輪觀在東密受到極大的重視，從月輪觀乃至在月輪中觀想梵文的阿字的阿字觀，都是根本而重要的法門。其實，也只有時時體悟心月輪的心要，才能圓滿本尊觀。

心月輪祕義

在佛法中，心月輪代表法性、本淨，也代表寂滅、淨菩提心。在密教、禪法的流傳中，變成重要的象徵。

自我解脫的小乘佛法

就佛法的流傳當中，小乘佛法是以解脫爲重心，所以在修行時著重於現實身心實相的觀照，因此，如觀察身、受、心、法之四念處禪觀，就是極爲重要的法門。

因此對於我們現前五蘊、六根、六識、六塵所生起的煩惱，大都以直接對治的方法，而成證解脫。

雖然在小乘禪法中，也用了一些表義象徵的方便禪觀，但是這些比較抽象的象徵方便法門並沒有爲修行大眾所使用流行，因爲小乘行人比較重視個人煩惱的直接對治，而達到解脫。

小乘的法門也因此都較爲具體而實際，像四聖諦——苦、集、滅、道，就是十分明顯的代表，這法門是直接從現實身心的感受，而提出了對治的方法。

對於苦諦的修法，苦是指逼惱之義，即觀察生命在三界中輪迴生死，被無常變化所逼迫而苦惱，所以名爲苦。

因此苦，是觀照生命後的現實，而苦的產生一定有其生起的因緣，生成苦果的苦因即是集，是指苦的聚集。

滅諦，滅是寂滅義，能滅除生命的一切煩惱，永斷生死，證入寂滅涅槃的解脫。所以只要滅除苦的生起根源，就能解脫，這也就是苦滅。

而消滅苦的方法則是道，是苦滅之道。

當初佛陀世間初轉法輪，即是宣說苦、集、滅、道之四聖諦，當初無數的聖弟子依此法而悟。

煩惱的生起的根本，主要源於我們現實的身心五蘊，煩惱在世間中所展現的形相，有所謂的三苦（苦苦、壞苦、行苦）或八苦（生苦、老苦、病苦、死苦、愛別離苦、怨憎會苦、求不得苦、五蘊熾盛苦）。爲了斷除這些痛苦，要找出造成這些苦的原因，從現前的生死眾相，回溯至生命輪迴初始的無明，最後無明斷除便能得致解脫的境地了，這是滅除煩惱的緣起觀法。

至於其他的對治方法，例如瞋心起時，修慈心觀來對治；貪心起時，修不淨觀；散亂心、疑心起時或心不定，則可修數息觀；如果愚癡心重的，則可修習因緣觀，順逆觀察十二因緣，對治愚癡障礙。而慢心重的，則修習念佛法門，觀察佛陀功德巍巍，降伏我們的慢心。這些法門都是針對我們生命中的煩惱、缺陷，來加以對治改善的法門。

救度眾生的大乘佛法

而大乘佛法，已經從自我解脫及於對眾生的救度，因此禪觀的法門就更爲廣大，具足更多方便。

基本上，大乘禪法已不只從自己實際的煩惱中尋求解脫而已，它更參與了圓滿眾生成佛與整個法界的妙因妙緣成就。所以重點不再是斷除自己的煩惱而已，更發起無上的菩提心，創造世間成爲無限光明的全佛淨土。

所以大乘佛法的力用更大，其著眼點不僅是實現自我身心的解脫，更細密地觀照自己的心念、初始動機，使大乘行者念念都是大悲心、菩提心，爲成就眾生故來修學攝取一切法門、禪觀。

菩薩精進具足智慧，不是爲了自身體證涅槃，而是了悟諸法如幻之後，更能生起大悲心，善用一切現前的法界眾相，使眾生成就無上菩提，而這是從一切智（了知一切諸法總相之智，爲聲聞之智），道種智（了知一切諸法別相之智，爲菩薩之智），乃至一切種智（佛智）的圓滿。

雖然大小乘的行人所面對的都是同樣的世界，但在動機上、起心的因緣上就有所差別。

大乘佛法是以大悲心、無上菩提心，以致於在果德的現起也就不一樣了。這是基於不共的大悲、菩提心所得致的妙果。

而這樣的發心也就使大乘禪法產生了種種不可思議的方便，能更有力的救度眾生。大乘佛法更能深入於究竟的理趣，而不會只落於事相而已。

所以，大乘法門在最後能夠理、事交融無礙，而且能在一切緣起的事物中創造方便，將一切惡業銷融，甚至積極的以事事無礙圓融，具足廣大方便，救度一切眾生。並且從緣起眾事上的無礙，創造出如幻的世界。而淨土的微妙、菩薩的莊嚴行就這樣現起了，因此在理趣上的推演，更爲自在寬廣了。

大悲是有力的，當大悲心與世間的無量眾相相應時，在禪法的修持中就會出生種種殊妙的三昧境界，而現起無盡無量的三昧禪法。此時就能以種種的義理、比喻來表達，在三昧中證得的法性、佛性，而心月就是其中的一種比喻，表徵著法性、本來清淨、究竟寂滅的菩提心。

這種表徵的意義在密教中又有所不同了。比如心月除了表示無相的菩提心，更從純粹理趣的無相菩提心顯現爲具相的菩提心，這就是有相的菩提心的建立。

所以這本來是表義的心月，就在密教中大量使用，並且真正現起有相的心月輪觀法。這觀法從代表義理無相的空性，而轉換成有相瑜伽。

即顯理的密乘佛法

就密教的觀點而言，其認爲大乘佛法雖然在理上很廣大圓滿，但如何才能積極融入世間，以完成大乘佛教所要證得的有力的果德，是重要的核心。

所以密教就直接從義理而成具的有力之相上來直接表達，以成就即事即理的勝德。因此，除了心月輪外，以金剛杵來代表方便，用金剛鈴來代表般若智慧，用骨屍來代表不畏生死及法身等等，都是即事顯理的具象表現。

但我們要了解這些表相，都是從根本空性出生，並迴入現空的法性，才有意義，而許多密教三摩地也都是如此匯歸成就的。

在黑暗中的虛空中，我們看到一輪無瑕的明月浮現出，多麼寂靜而喜樂！在黑夜中，月輪是那麼的清淨，我們可以感覺到它在虛空中所顯現的光明，溫潤而不具侵略性，如同自性光明般寂靜、清涼。

此外，在密法中各種的表徵更有其內在的意義，有時也會同中有別，異中有同。而在修法上，雖然有時內義相同，但由於緣起的不同，也可能有不同的修法。

代表法性的月輪

像月輪和日輪都代表法性，但是日輪遍照是白日中顯現，所以日輪與月輪的觀法仍有不同。而同樣的日輪，毗盧遮那佛代表日光遍照，像《觀無量壽經》中所講的落日觀，卻是在落日時修持的禪法。這是不同因緣的修法。

心月在黑夜的虛空中，赤裸地顯現，用來代表無染的法性是十分貼切的。月輪在黑夜中現起表示本來清淨的體性，有時雖然被烏雲遮住，但月輪的體性仍然不變。拂去了烏雲，它仍是清淨的，所以用月輪來表示清淨、本然的法性、法身，是十分恰當的。

而在萬籟俱寂的夜晚時，也代表眾生的心不再妄動、不再煩惱，同時顯示著清淨的菩提心不斷地發生。

所以心月輪觀能使眾生從很實際的相上去體悟清淨的菩提心，並且依止來修法。心和月兩種原本不同的意義，在這裡融合爲一。

另外，當我們觀想心月輪時是從一個點開始，慢慢地越來越大，大到最後遍滿法界一切處，事實上這時月輪已是無邊無際了，所以亦無任何形狀，沒有圓或方的形狀了。

因爲如果是圓形或方形，我們再怎麼觀想都還是有個邊際，而實際觀想到最後，月輪已經沒有邊際了，而且每一點都是平等均衡的，這才是真的沒有邊際，也才是法界法性的自身了。

所以用月輪來代表法性特別有力，並且用月輪來觀想，在緣起上也特別有效。

任何的修法，我們都要注意到它的法性與緣起的雙重意義，法性的意義——是指一切都是現前的，而緣起的意義——如何使我們如理思惟，才能與法性相融。

而月輪提供了在法性思惟上很有力的要件，所以我們了解心月輪的意義，以此的觀修方便，使我們透過心月輪而直入於法性。

如果依此緣起來修持，最後我們要了知有、無二相義。

無相義是：月輪雖然現前，但它是如幻的，有相義是：雖然是現空，但在緣起上是一定會顯現如幻的月輪，而且越如幻就越明朗，越空也就越明朗越大。

空愈大則月輪愈大，智慧愈清淨，月輪也就愈清淨，悲心越大，月輪則愈有力。悲心越大者所觀起之月輪，光度會越大，也會更溫潤；而智慧則能夠增加月輪的清淨度；發心越大則月輪更爲廣大。

心月輪觀在人間的興起與流行，必有其有力的因緣。我們可以從一個例子中看出月輪觀爲何會如此有力的現起。當龍樹菩薩在說法的時候，常常示現爲月輪說法，這種示現的因緣，表示他已證得法性，而以月輪的現起來代表。所以許多後人都因爲此因緣的激發，而特別有力的來弘揚月輪觀。

月輪觀最早是在唐代時，由印度的善無畏三藏所傳入，在《無畏三藏禪要》中闡述了月輪的修法，於後續再加以詳細說明。

如同淨月的無上菩提心

月輪觀是指行者觀想自心如同圓滿清淨月輪，圓明無垢光明同遍法界，以得證本心清淨圓滿體性的觀法。

《諸佛境界攝真實經》卷中云：「

我已見心相，清淨如月輪；

離諸煩惱垢，能執所執等。」

這是菩薩修習清淨菩提心時，所見到的心相，而這心相遠離了一切煩惱的染垢，並消泯了能執與所執的對立差別。此時，無上的菩提心就如同清淨的月輪顯現了。接著，該經又說：「

諸佛咸告言：汝心本如是；

為客塵所翳，不悟菩提心。

汝觀淨月輪，念念而觀照；

能令智明顯，得悟菩提心。」

由此可知，我們的本心，本來清淨如月輪，但是由於客塵煩惱的障翳，所以我們不能體悟如同淨月般的無上菩提心。所以，現在用月輪觀法，念念觀照，能使我們的智慧顯現，得以體悟菩提心。

另外在《菩提心論》中也對月輪觀有詳實的說明，論中說：「一切眾生，本有薩埵，為貪瞋癡煩惱之所縛故。諸佛大悲，以善巧智說此甚深祕密瑜伽，令修行者，於內心中觀白月輪。由作此觀，照見本心，湛然清淨，猶如滿月，光遍虛空，無所分別。亦名覺了，亦名淨法界，亦名實相般若波羅密海。能含種種無量珍寶三摩地，猶如滿月潔白分明。」由此，我們體悟眾生本具普賢大菩提心，是本有的金剛薩埵，但是卻被貪、瞋、癡等三毒煩惱所纏縛。

如六祖惠能大師所說：「菩提自性本來清淨，但用此心直了成佛。」這是直接的無相菩提心的運用。這有相與無相菩提心，其根本是相同，只是妙處各有不同。

而神秀則說：「身是菩提樹，心如明鏡臺，時時勤拂拭，莫使惹塵埃。」這是屬於次第大乘觀法，是有相瑜伽的觀法，而六祖大師是直現菩提心的觀法。

自性清淨心的三義

《無畏三藏禪要》經云：「即此自性清淨心，以三義故，猶如於月。」因為自性清淨心有三義的緣故，所以用月輪來比喻。第一自性清淨義，自性是清淨的，離一切貪欲垢。第二是清涼義，離於瞋熱惱故。第三是光明義，離愚癡闇故。所以，月輪從無相中表現有相，有相與三義相應，因此以月輪來表示。

因爲月自性清淨，離貪欲垢，因此能燦然在法性中赤裸光明出生，所以眾生的心愈遠離貪欲，月則愈明。再來在清涼中，沒有瞋、熱、惱，所以觀月輪能生清涼，清涼能生淨月。比如我們在夏天時燥熱不堪，但看著明月，心中的煩悶、熱惱就自然消失了，這是從現實景像，以理來直接觀察到無相，然後跟瑜伽觀所生相應的現象。圓具光明，則遠離一切愚痴和昏闇，以上是表達自性清淨心的三義。

月輪十德

在經典中各個古德對於月輪有不同的讚頌。在東密的傳承中，覺鑁上人將月輪的德性總集爲月輪的十德，如下：

一、圓滿

如月之圓滿一般，自心也是圓滿無缺。自心具備萬德、種智圓滿，見月圓而觀心之圓滿本體，福慧圓滿即是佛性。

二、潔白

如月之潔白一般，自心也是潔白無染。永離惡法而常興善法，見白色之月應觀心之潔白本質，自性潔白即性德之本源。

三、清淨

如月之清淨一般，自心也是清淨無垢。自性清淨，無貪無染，見月之清明觀心清淨，本來清淨無染，即是清淨佛性。

四、清涼

如月之清涼一般，自心也是離熱惱的。灑慈悲水滅瞋恚火，清涼月光令心中慈水澄澈，剎那間消滅無量瞋恚火焰。

五、明照

如月之明照一般，自心也是朗明光照。本離無明常爲遮障，五障、晦闇去除，心月即澄淨，心體如圓鏡般晶瑩徹，光明遍照一切。

六、獨尊

如月之獨一，自心也是獨一。自心是諸佛的住處，萬法皆歸於此。心王之如來住於無倫比之心殿，意識都城並居其中，皆是心之眷屬。

七、中道

如處於月中，自心亦離二邊。恆常中道永離執見二邊，離顯教之邊而住於真言中，過應身佛國土而入法身宮中。

八、速疾

如月之不遲一般，自心疾速。轉祕密法輪剎那間斷除惑業，心繫於淨土則十方不遠，乘神通之車須臾成佛。

九、迴轉

如月之迴轉，自心亦是無所窮盡。還入心水，而起利物之心波，轉正法輪破愚迷癡闇，萬德無窮，不斷二利。

十、普現

如月之普現，自心亦是周遍寂靜。心緣水靜，普應萬機，一體化身九界，假多身普現十方一切國土。

以上是月輪十德。除去阿字、蓮華，只有月輪現於眼前或胸臆中，以之擴大如成宇宙大小的觀想法，稱作「月輪觀」。

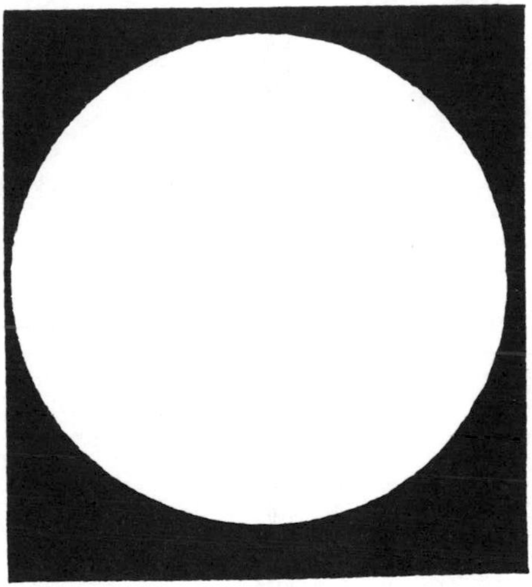

開啟清涼菩提的月輪觀

月輪觀

我們了解月輪的祕義及德性後，便可依月輪正觀，次第修持，其次第如下：

建壇設供

在佛教的宗派中，一般而言，禪宗比較不重視建壇設供，因爲禪宗認爲法界即是佛堂，而自身即是道場，時時隨順於自性菩提心。在此前提之下，修學禪宗的人可以設有很莊嚴的佛堂，或者並不一定要設有佛堂。其他宗派例如：淨土宗、天台宗等，也逐漸重視佛壇的建構。在所有宗派中，以密教最爲重視佛壇的設置。

密教在修法時要建立四曼，依四種曼荼羅（大曼荼羅、法曼荼羅、三昧耶曼荼羅、羯摩曼荼羅）受法，依據緣起的密義，而從無相瑜伽生起有相瑜伽，有相與無相互相交應，而匯歸於無上佛智。

所以基本上壇城的建構，就密教而言是相當重要的，壇城、儀軌以及金剛上師是密法傳承的重心所在。

我們修習月輪觀時，月輪即是本尊，修阿字觀就是把阿字當本尊。月輪可說是阿字觀的三昧耶形，即三昧耶曼荼羅；阿字是法曼荼羅，而整個尊形是大曼荼羅；擇單一曼荼羅來修持時，即是本尊。

在《顯密圓通》中云：「夫祈道者，若非上供三寶，下拯四生，福慧就無由增長。」這是說，心向佛道者，於上如果沒有供養三寶，於下拯救四生，則福德智慧就無法增長。

《摩訶止觀輔行傳弘訣》云：「雖心口精誠，須以福德相助，是故行者須擇淨室，建立壇場，安置佛像，大乘經典及菩薩像，香花燈塗，飲食淨水，隨力設備，殷重供養。」行者雖然心、口專精虔誠，但是仍須積聚福德來助益修行。所以行者須擇一淨室建立壇場，安放佛像、經典、及菩薩像，以香、花、燈、塗香、飲食、淨水這六種來供養。一般顯教是香、花、燈、食、水這五種具足。

二者的差別是在塗香，因爲印度人除了燃香供佛之外，還以塗香來供佛，這是源由於他們生活於熱帶地方，體味較濃，所以需要大量使用塗香，而沿用此生活方式，則以上好的塗香來供佛。

發展到後來，又從五供又增爲八供，八供是水（淨水）、水（飲水）、花（鮮花）、香（熏香）、燈、塗（塗香）、果（食物）、樂（樂器），藏密行人通常以八供來供養。

如果行者以有相的密教觀法來修法，他必須有上師的灌頂受法；如果是以無相心來修法的，就直承法性加持灌頂，無須受法灌頂，即可修持。

此時若無上師受法，而想修持月輪觀時，行者可在入道場時先在佛前，端身正立，蓮花合掌，誦大論金剛陀羅尼二十一遍。誦此陀羅尼，就如同入壇灌頂受法。

大輪金剛陀羅尼心真言：

南無悉咥哩二合耶一墜尾伽南二怛他伽多南三唵四尾羅時尾羅時五摩斫羯羅六伐折梨七伐折羅八薩跢薩跢九娑羅帝娑羅帝十怛羅曳怛羅曳十一毗馱末爾十二三盤誓爾十三多羅末底十四悉陀阿羯哩底丁以反十五哩莎訶　心呪

（namaḥ stryadvikānām tathāgatānaṁ oṁ viraji-viraji maha-cakra vajri-vajri satasata sārate-sārate trayi-trayi-vidamani sambhañjani tramati siddhāgriye svabā）

中譯：皈命一切諸如來（種子），離垢極離垢，大輪金剛三昧，堅固極堅固，勇健極勇健，三知三思維，正破壞、三慧，成就勝成就。

入堂

修觀前要先入堂。

入堂就是先清淨我們的身、語、意。

入堂之時要有嚴肅的心，身、口、意供養給本尊、佛菩薩。

入於壇城之中，我們的身口意就不同於平常自身所擁有者。我們等同於壇城中的聖者，等同於隨法眾。我們要這樣的體解，才能受法清淨，受法圓融。

在壇城中，禁止喧嘩、干擾，尤其是在修法時莫被俗事干擾。如果真有事急需處理，就安靜離開壇城。

禮敬三寶

禮拜可區分為小禮拜和大禮拜，在此先做一般性的介紹。

首先將我們的身、口、意三業清淨，攝受六根（眼、耳、鼻、舌、身、意），端身正立，雙手蓮花合掌。

六根全部攝受，斷除妄想之後，我們將心繫念一切十方三世的三寶賢聖眾，其體性常住，遍滿於法界，而無所不在。

心中思惟：由於眾生為五毒煩惱所縛而迷惑不覺，無明流轉輪迴於六道之中，實極可哀可憫。而今我們能夠置身於壇城之中，宛如凡夫眾生忽然翻轉迷惘而歸於覺悟，於是虔誠地整個將身口意全部供養三寶、皈命禮敬三寶，以極清淨的身口意，進入壇城，願為諸佛菩薩所攝受。

接著觀想十方三世的諸佛及諸大菩薩周匝圍繞，佛菩薩的法身殊妙端嚴不可思議，光明巍巍，重重無盡，就像摩尼寶珠，珠珠相映，重重無盡的蓮花藏世界海。

而諸佛菩薩聖眾照射出無盡的光明，普照自身及一切眾生；當我等與一切有情觸及其光明，所有業障頓時全部銷融。

於是我與一切眾生等，一一於佛前恭敬作禮；身則肅敬安然；語則口稱佛號；意則歸命禮敬；以清淨的身、語、意全部供養三寶賢聖眾。

如果我們以身體來做五體投地的伏地禮拜，此則稱爲大禮拜。

口誦普禮真言：

唵　薩縛坦他蘖多　幡那滿娜曩迦弭嚕

Om sarva-tathagata-pada-vandanam-karo-mi

中譯：皈命一切如來　足　禮　作　我

默想諸佛，放光照耀自身及諸眾生，然後起立。

一般的禮拜是三禮拜，而在密教，若有金剛上師在座，亦可再加一禮拜，四禮拜是禮敬金剛上師和三寶。

禮拜次數依隨個人受法的次第而行，譬如我們修持月輪觀時，則可再加上禮拜月輪本尊。

上座

毗盧遮那七支坐法

我們上座，依毗盧遮那七支坐法安身端，所謂七支坐法即是：1.舌抵上顎 2.兩肩宜平 3.手結定印 4.雙目微張 5.頭正，收下顎 6.背脊直豎 7.雙足跏趺，此即毗盧遮那七支坐法。

■雙足跏趺

雙腳結跏而坐（即雙盤），腳掌儘量朝上，腳儘量往內扣；而女性要注意，腳不要頂住小腹，離開約一吋，以免引起下腹不舒適，男性則無此問題，這是由於男女性的生理構造不同的緣故。

如果行者無法雙盤，則可採用半跏趺坐（即單盤）或散盤，原則與雙盤相同。

■背脊直豎

我們在身心完全放鬆下，使脊背自然調整直豎，不彎腰駝背、前俯後仰，也不刻意挺腰、挺胸。

當我們的脊背彎曲時，心較易鬆弛，氣血易阻塞，頭腦不明而妄想紛飛，內藏亦易受到壓迫；若是刻意挺腰、挺胸則火氣容易上升，身體緊張。

所以在身心放鬆下，從尾閭骨一節一節像氣球一樣浮起，脊骨自然筆直，而身體正直，則能使心力易於集中，較能入定。

■手結定印

兩手放鬆垂下，左右手掌相疊，兩手掌心向上，手背朝下，以左掌置於右掌上。兩拇指輕輕相抵結成橢圓形，自然輕置於大腿之上。

由於兩手微接，氣血互通，能使身脈自行週流，有益健康。但不可緊張用力，否則容易產生相反的效果。

■兩肩宜平

兩肩肌肉放鬆，讓其適度平展，此時由側面視之，自然成爲一直線。

平常習慣彎腰駝背者，兩肩會有向前含胸的現象；而太緊張挺胸則兩肩會向後擴張，這都不是正確的姿勢。

■舌抵上顎

嘴輕輕閉上，將舌尖自然輕微抵於上牙齦後方，不可用力，如此津液自然產生；若有津液則緩慢順勢嚥下，對身體很有助益。

當吞嚥津液時，自然放鬆吞下即可。

■頭正，收下顎

頭部要保持正直，不可低頭，下顎平平內收，稍微壓住頸部左右兩條動脈，這是避免心臟血液的強力波動，直接達到頭部，此姿勢容易使我們趨於安定。

■雙目微張

眼睛是極爲敏感的器官，容易受到外物吸引而影響心靈；因此在靜坐時不宜眼睛全張；但是閉眼則易昏沉或產生幻想，所以宜微張。

眼睛約微開三分，將視線投於四尺前的月輪尊像。

勿著意，專心用於功夫之上，然而睜眼、閉眼恆不散亂，修至開目閉目皆見月輪。

淨法界三昧

我們雙腿盤坐宛如金剛如如不動，手結法界定印，身體如同毫無實質般地完全放鬆。

沉定身心，身體放下，使心不繫念於過去、現在、未來，而三世心念亦不可得，行者在三世心念不可得的體性中，現起淨法界三昧。

淨法界三昧是我們在頭頂上觀想嚂𑖨𑖽字，嚂𑖨𑖽字光明通透如水晶一般。嚂字焰火燃燒起來，光明十分熾烈，焰光燒除一切障礙，將我們身、息、心三者的障礙全部燒除殆盡。

燃燒的順序是由上往下燃燒，即是由頭頂燃燒至腳底，而當我們的身體都燒盡了，即成爲遍照光明的法界。

嚂𑖨𑖽字是法界體性之火，能將我們染污的身、語、意三業銷融成爲清淨的三密。

我們合掌稱念嗡嚂（二十一遍），並觀想整個身心、法界都銷融清淨了。

又《顯密圓通成佛心要集》說：或觀想嚂字在自身頂上，變成三角赤色火輪，放大光明，燒盡自身。

三角形在五輪觀中代表火大，而赤色也是代表火。

這是法界體性之火，燒盡一切業障。就像在《法華經》善財五十三參中，善財童子去參訪勝熱婆羅門所顯現的火，其實它是清涼的智火，但是能夠燒盡一切障礙。

從廣義來看，當我們要清淨眾業之時，可觀嚂字燒除一切垢穢不淨。

行者觀想頂上有嚂字，嚂字轉成三角赤色火輪，然後三角赤色火輪化成滿月。當火燒盡一切障礙之後，再生起法界淨水，法界淨水能夠出生清涼。

從火中出水，這是法界淨水。鑁𑖪𑖽字是水大種子字。鑁字就像月摩尼珠能夠出生水晶，月水晶能夠出生諸水，光明澄澈，猶如清淨乳水，灌灑世界；如同甘露一般，可使法界與自身清淨自在。

一字大悲如幻真言：鑁𑖪𑖽，我們誦持七遍。

清淨法界的方法，我們可觀想為嚂字或鑁字。

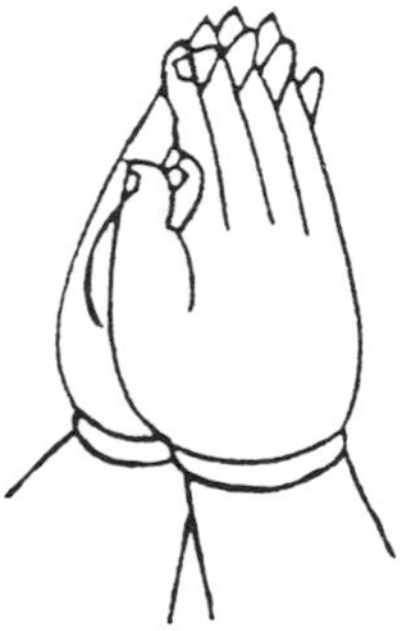

金剛合掌

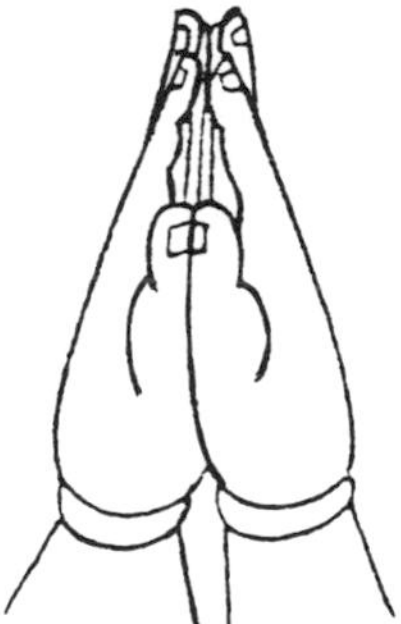

蓮華合掌

護身三業

「文殊薩一字護身真言」：唵齒齡·𑖌𑖼 𑖫𑖿𑖨𑖱𑖽（Oṁ sryim）是密法中常用的護身真言。

我們金剛合掌稱念二十一遍。

這護身真言是從真實佛心中所現出的文殊密語，能遍護法界，成就殊勝的事業，能滅除一切災障苦難、罪業魔擾，災害現前一一銷融，守護自他，而現前一切所願皆得圓滿。

清淨三業

再來，我們清淨自身的身、語、意三業。

現在雙手蓮華合掌，清淨三業印就是蓮華合掌。

然後我們開始思惟觀察一切有情，現觀一切體性本自清淨，只因被客塵煩惱所覆蓋，而不能了悟自性的本然清淨法界現空，於是生起方便，念誦祕密的淨三業真言，來加持自身及他人，使一切現前清淨。

淨三業真言：

唵　娑縛婆縛秫馱　薩縛達磨　娑縛婆縛　秫度憾

Oṁ svabhāva-śuddhāḥ sarva-dharma śvabhava-suddho hāṁ

中譯：皈命自性　清淨　一切法　自性　清淨　我

誦持真言五遍，同時以手印來印行者身上五處：額、右肩、左肩、心及喉輪。因爲真言的加持緣故，行者的身心內外部清淨。

在有些修法的次第上，清淨三業是在入壇後就先清淨三業，順序或有不同，行者可依受法的不同，而選擇先清淨三業或後再清淨三業。

以上是清淨三業，接著我們要發起菩提心。

發菩提心

我們雙手金剛合掌，真實發心。

發菩提心時，要了知一切眾生自性本來清淨，自心湛然清淨猶如滿月一般。

所以我們觀想自己的無上菩提心圓明清淨，宛如圓滿月輪一樣，內外澄徹、清涼無比，我們自然安住於無上菩提心中而無退轉。然後依此發出清淨的菩提心真言。

誦此發菩提心真言三遍：

唵　冒地質多　母坦波娜野弭

Oṁ bodhi-cittam utpādyāmi

中譯：皈命菩提心　發起

在《無畏三藏禪要》中云：「此陀羅尼復誦三遍，即發菩提心，乃至成佛堅固不退。」當我們稱通此真言三遍之後，我們就如實的發起菩提心。而且此菩提心咒能使我們的菩提心，直至成佛永不退轉。

在《心地觀經》云：「此陀羅尼具大威德，能令行者不復退轉，去來現在一切菩薩，在因地初發心時，悉皆專念持此真言，入不退地速圓正覺。」

上座之後，首先我們清淨法界、護身三業、清淨三業、發菩提心，接著三昧耶戒。

三昧耶戒

三昧耶就是誓句身，即是本誓。

諸佛本誓是要令一切眾生開悟成佛，而眾生依佛的加持力，所以能祛除煩惱障礙，眾生的迷惑與無明也能隨之驚覺。佛菩薩顯現其特別修行的意義、因緣，而來教化眾生，這就是他的三昧耶誓句。

我們經由佛菩薩的教化加持而來修行，所以我們的身也是三昧耶身；因為我們的身是依誓願而生，依誓句而行，是由誓願大海所成就的，所以稱為三昧耶身。

用誓句來轉動法輪度化眾生，也就是佛菩薩的三昧耶形；而三昧耶形是佛菩薩的標幟，如：以金剛杵、月輪或是五輪塔等來做為三昧耶形。

三昧耶戒是諸佛平等戒，而無上菩提是以戒為根基。戒，是誓願戒，大誓莊嚴戒，所以是誓句戒。

無上菩提的戒，不同於一般行為規範的戒，而是要成就無上菩提心的戒。只有從究竟的菩提心中憶起：現前一切都是圓滿的佛陀。如此我們便受持了這個戒體。

現在我們金剛合掌，念誦三昧耶真言：

唵　三昧耶　薩埵鑁

Om samaya stvam

這是顯現因果不二的究竟境界——入我我入。佛菩薩融入我們的身、語、意，我們入於佛菩薩的身、語、意。

佛菩薩入我們之身，是由於佛菩薩加持的緣故，而我們入於佛菩薩的三昧耶身中，是依著這三昧耶誓句而得以成就佛果。

我們入於佛菩薩之身，是我們發起三昧耶誓句，這是因地發心，直入佛果的境界；以果地如來加持自身，而自身投入於果地如來之中。

所以我們入於佛菩薩之身，是行佛菩薩的三昧耶，如此而圓同佛身。這是入我我入，三密相應。

我們如果在行住坐臥中，有所忘失而不知三昧耶誓句，則要生起深刻的慚愧懺悔之心。

《無畏三藏法要》云：「此陀羅尼令誦三遍，即合聞戒及餘祕法，亦能具足一切菩薩清淨律儀，諸大功德不可具說，不可具說。」

誦咒時，行者觀想白色的鑁字，鑁字是大日如來的種子字，代表法界大智海。

鑁字如海寂映，出生大光明遍照一切有情。光明遍照著我們的身體，於是我們安住於不壞的三昧耶戒中。

五大願

三昧耶戒後，行者從三昧耶中出生三昧耶身，爲了與其誓句相應，所以行者接著發起五大願。

密教的五大願與顯教的四弘誓願是同等義。

五大願是：眾生無邊誓願度，福智無邊誓願集，法門無邊誓願學，如來無邊誓願事，菩提無上誓願證，自他法界同利益。

此五大願乃源於五智的大作用，初願是大圓鏡智的作用，是金剛薩埵令一切眾生發菩提心；第二願是平等性智的作用，是虛空藏菩薩遍於眾生界，而令眾生生起福德智慧；第三願是妙觀察智的作用，是觀世音菩薩遍於眾生界使其出生智慧；第四願是成所作智的作用，是菩薩遍於十方服事諸佛；第五願是法界體性智的作用，即周遍於眾生界，顯現本來清淨之理而成就菩提者。

五大願相應於五大是：地、水、火、風、空，而相應於五方佛是：東方阿閦佛，南方寶生如來，西方阿彌陀佛，北方不空成就如來，中央大日如來。

五大願是五佛攝化眾生的本誓莊嚴。行者效法五方如來，對上求於佛道，對下教化眾生的決定誓句。

五大願第一個是眾生無邊誓願度，這和四弘誓願是相同的。眾生即是無明煩惱，所以誓願度化無邊的眾生，而行者不僅要斷煩惱，更要積極地集聚無邊的福智，學習諸佛無邊的福德智慧。

而在此爲利益一切眾生，願眾生成佛，所以要積聚福智。就另外一方面來講，這也是屬於易行道的修法，多集聚諸佛功德；而行道是多救度眾生。法門無邊誓願學和四弘誓願同樣的。

在修學的過程中，密教特別提出事佛、向佛、供養佛，所以要顯現諸般的儀軌妙法，供養承事，這是如來無邊誓願事。

最後是菩提無上誓願證，並且自他法界同利益。

在密法中，我們自身是六大（地、水、火、風、空、識）所成，即是五智五如來之體，是自法界。而他法界也是地、水、火、風、空、識所成，也是五智五如來之體。兩者是都金、胎二界，都是現形曼荼羅，都是法界身。所以、自他法界相互交融，入我我入。他法界可以說是佛法界、就是母光明、就是本覺，而自法界是修生、是始覺，是子光明。自他法界同體，子母光明相會，自他法界現前成佛，六大體性常瑜伽。

五大願的最末一句是迴向文，以此功德普利法界一切眾生，自他法界同利益。

正觀

修習「月輪」，一是觀對生本尊，就如同無畏藏禪要所傳，一是觀自生本尊。以下先說明對生本尊觀法。

對生本尊觀法

我們應當先安心靜坐，莫緣一切萬境。從對面虛空中觀想一圓明的淨月，距我們身體四尺之處，當前對面、不高不下。月輪量約一肘圓滿具足。色相明朗，內外光潔，朗然清淨不可思議，祕密莊嚴無與倫比。但是我們的心不斷地澄淨來觀照，月輪會愈來愈清淨，然後朗然現前，修到甚至當我們眼睛暫捨不看時，心月輪就自然現起。

如果在這樣的觀想過程中，發現月輪上現起薄霧之相，即代表障礙的出現。（修正的方法於後續說明）

之後，我們就開始廣觀及斂觀兩種觀法。

月輪的廣觀

廣觀是使月輪變廣大，從一尺變成二尺，再變成四尺、八尺，然後慢慢地擴大。擴大之時不要勉強，擴大時應感覺到很清涼、很舒適。如果勉強擴大的話，身心會受不了。因爲心不夠廣大的話，是無法續擴大的；這是悲心不夠大、空性不夠大，所以月輪就無法廣大清淨的。

因爲心大體就大，智大則光大，悲大則用大。越來越大之後，遍滿三千大千世界，但是仍然究極清楚分明而完全沒有分別產生。

月輪的斂觀

最後大到遍滿無邊無際的法界，然後接著再次第斂觀。

廣觀遍滿法界之後再收攝→三千大千世界的月輪縮小，逐漸慢慢縮小，到最後十六尺↓八尺↓四尺↓二尺，一尺，還同本相的初觀月輪。一般修法是至此，筆者在此則繼觀修漸斂，收攝至甚深祕密本然寂照的唯一不可思議明點，然後現前頓然空寂，現前還爲本然。

剛開始觀月輪時，具像之月輪感覺仍很明顯，但廣觀修至遍滿法界之時，已跳脫方圓，連圓相都消失了，不必再有圓相出現而悟入實相。如此就能除去一切障礙，證得解脫一切蓋障三昧。證此三昧者叫做地前三賢。跳脫之後，如果能自在周運心月輪，使它遍滿法界，這就是證得初地。

因爲證此法者，昔所未得，而今始得生大喜悅，所以名爲初地，也就是說觀月輪成就的是證得初地。如以圓滿次第而言，即是中脈開顯，因爲一切障礙都消失了，亦稱爲見明體；在禪宗叫做開悟，在傳統佛法是指得到法眼淨。

我們如果久久作此觀察，觀察成就之後，自然而然、隨時隨地能現起朗然的明月，不需觀察而是現前現起。最後明月遍周法界，我們感覺到整個身心如在清淨的摩尼寶珠之中，如在水晶之中，如在月之中而更無一物。身心宛如虹彩一般，最後身心一切消失，一切妄想自然不起，常住清淨體性當中。如此完全證入月輪觀。就像龍樹菩薩一樣，自身現月輪，必無月輪觀，能出眾音響，自在而安然。

自生月輪觀法

再來是自生月輪的觀法，如空海大師所傳的自胸臆間直接觀想月輪。首先我們整個身心澄淨之後，不緣一切萬想眾境。然後觀想自己心中有一圓明的月輪，大約是一肘大，觀想很清楚、很清淨、很安定，並且隨時隨地開目閉目都能看見它在心輪中，之後，再逐漸擴大。

一尺↓二尺↓四尺，四尺之後我們的身也變成月輪，於是身相消失。再逐漸擴大，從四尺到八尺到十六尺，最後房子變成月輪，然後擴大到遍及道場，再遍及到外面的世界，再遍及城市、國家，最後是地球。此月輪是清淨無相的，周遍至太陽系，周遍至三千大千世界，擴大到遍法界一切世界。

修到此處仍有周圓，但當修到心中所有的障礙、方所的對立、我執消除之後，就突然間會頓時跳出方圓的對待。所以遍法界一切處仍雖有如幻的方圓之相，但全法界都是實相光明，沒有任何雜染對待。這樣遍法界都是清淨無比。

但我們不要刻意把月輪的周圍去掉，而是自然跳脫。只有從無作意中自然跳脫，才是證得清淨法眼。擴大時要自然，不急不強。心念愈清明，自然月輪就愈廣大。

住此境界後，我們依順序自然而然縮小月輪，回到自己胸中，這是斂觀。接下來的修法有兩種修法，一種是將月輪送回本宮淨土，也就是把本尊送回原來的壇城之中。另外一種是將月輪直接收回到自心之中。

把月輪送回壇城的是屬於下三部的修法，叫做「送聖」。而收回自心中是屬於無上瑜伽部生起次第的修法，不遣送、不送聖。

觀修月輪的疑問

在修月輪觀的過程之中，常會有以下的情形產生：

1.譬如在擴大的時候，月輪會有雜染。

這表示我們的自性菩提不清淨。這時我們就要莫緣一切想，但了知一切如幻。只有在愈如幻中月輪才會愈清淨。

2.所觀月輪形像很不穩定。

這表示我們觀想得太急燥，定力不夠、定境不清。這時要澄清一切妄想，使身心放鬆，否則會不只心有問題，身也會有障礙。

3.擴展月輪時無法開展。

此時應該檢討自己發心的問題，如果發心太小，就會產生月輪無法開展的障礙。

4.月輪的光明雖清淨但不圓潤、不有力。

這表示悲心不夠，所以要懺悔。

月輪的方便觀法

綜合以上兩種方法，另外還有一種方便的觀法。就是先觀想月輪在前，離身四尺不高不下，量同一肘，在此將月輪引至心輪之中，要送聖時，也是從心輪觀想出來後，再送回本宮淨土。這也是一種方法，這方法有其深秘的因緣。

在鳩摩羅什所譯的《思惟略要法》中有一種觀法，「此以生身觀內之法身」，也就是直接以佛的生身來觀佛的內在法身。這法身就是十力四無所畏大慈大悲無量善業。如人先念金瓶，後觀瓶內摩尼寶珠。在念佛時，我們直視自身為壇城，自身心如蓮花，月輪本尊直接觀入心中。

接下來三力加持。

三力加持

經由以上的修持之後，我們以三力加持，來更鞏固月輪觀的修法。

三力加持是指以自身善修的功德力、如來加持力以及法界體性力三者合一的加持。

所謂自身善修功德力，即是指我們自身在緣起上的精進修持，所得證的功德力量。

如來加持力是指如來從法性中現起，具足一切大慈、大悲、大智、大力等十力、十八不共法等，無盡加持力量。如來這樣的現起，代表著法界中的一切緣起祕密，而一佛力與一切佛力是平等無二的，所以我們要受用佛力的加持，也是整個緣起果德對我們加持，這是如來加持力。

而法界體性力，是法界平等體性的法性力量，法爾本然如是，不增不滅、無生無滅，廣大究竟；其實這也是我們法爾體性的本然力量。

我們現在如實受用著三力加持，便能使我們具足圓滿成就佛果的大力。再來我們要迴向。

迴向

迴向是很重要的課題，因爲這是我們行於菩薩道中，圓滿眾生成佛、莊嚴諸佛功德所必備的力量。

迴向本身必須具足上下雙迴向——上迴向諸佛，下迴向眾生，就如同觀世音菩薩在《楞嚴經》中所示現的，上與十方諸佛同一慈力，下與一切眾生同一悲仰。

迴向是每一個大乘佛子所必須做的，所以，「願以所修功德，回施法界眾。普願安樂自在，同生極樂世界。」發願迴向，共同往生極樂。修菩提心，初發菩提心，後設迴向，首尾相連則淨業相續。往生極樂世界可以如是迴向。

或是「願以此功德普及於一切，我等與眾生皆共成佛道。」這是完成眾生成佛的願。

在密法中，迴向可以用陀羅尼來總攝。

嗡司嘛喇司嘛喇維嘛拿灑喇嘛哈佳割喇乏吽。

誦三遍迴向偈，結跏趺坐之後，被甲護身，使我們離開壇城後，能以大悲莊嚴來自在護持我們。

被甲護身

大悲鎧甲護身

菩薩生生世世在五濁惡世中救度眾生，隨時隨地佈滿了種種的艱難苦迫。因此菩薩就像大悲的勇士，需要以堅固的金剛鎧甲護身，才能如願的圓滿救度眾生。

而一切護身的鎧甲、法門中，最殊勝的護身法門，即是以大悲鎧甲來護身。

所謂的大悲鎧甲，即是要我們發起真實真誠的無上菩提大悲誓願。當我們

被甲護身手印

發起大悲心時，其實就是被護著大悲的金剛甲冑，這個金剛甲冑，能在我們發願護持大眾，行於一切難行的世間時，守護著我們，與我們共行於菩提道上，護持眾生直至圓滿成證佛果。

所以護身鎧甲是由自身的功德、自身的本願以及諸佛的加持所成就的。除此之外，在密法中，特別顯現出有相的被甲護身法門，來提醒、守護著菩薩行者。

這個方法是我們首先手結起被甲護身的手印，心中觀想我們穿著如來廣大慈悲的甲冑，防護自身避免一切魔難、煩惱的干擾作障，而誓願以此金剛甲冑守護之身，饒益一切有情眾生，同證圓滿的無上菩提。

出堂

當我們修法圓滿，要離開道場時，要心住於大悲，現觀眾生證得全佛圓滿，安住於體性無生的月輪中。

以上是「月輪觀」的修法，更詳細的修法可參閱《月輪觀》一書。讀者亦可以用「月輪淨菩提心觀祕誦」，來作爲日修儀軌。

月輪淨菩提心觀祕誦

現前普賢心月輪　凝然無初體自生　自顯能觀本覺性　受用赤露現明空
如心大曼法然住　胸臆萬德正覺輪　普賢本初菩提心　如空妙月體性界
無生萬法自性德　不二空明法界體　諸佛秘密心中心　獨一任運本無實
廣大悲智光明會　一切言詮不思議　自性師王金剛坐　身息心如自調樂
以妙方便本覺智　如實金剛五智圓　現前本寂三摩地　眾生清淨心自性
如月飛空無所緣　如魚躍天海印現　朗然淨月大圓境　當前對面非高下
量同一肘距四尺　輪圓妙相觀無厭　如赤空露澈明光　非虛非實自生顯
自色自淨月空圓　朗然明淨不思議　秘密莊嚴無等比　或現輕霧存二障

潔白清明內外澈　性自清淨色自淨　清涼寂靜法性觀　光明遍照自精研
法然明湛滿月天　圓明現觀寂然住　無間觀照自良久　開眼閉目極悅然
眼暫捨時心月現　月本淨心菩提月　心本淨月菩提心　如月如心月心如
如心如月心月同　月輪之外無心念　心念自體全月輪　非有異緣月輪現
無間流水心月明　無生月輪赤裸現　無滅妙心勝空行　無念金剛月輪住
妙湛總持法性音　自住本初普賢宮　金剛三昧不行得　散亂妙心住本然
本然心月廣大觀　沉沒心無如實照　如實月心照光明　如心妙月自當下
一肘之量妙空觀　如空明月現前住　妙引心輪法爾位　法住本然現妙心
心眼倍明不動觀　如實自生自明顯　現前清涼清淨體　自生妙顯漸廣大
二尺三尺四尺量　如實倍增更廣大　如牟尼珠現空然　一丈二丈滿室中
具滿一家一市城　分明齊顯自安住　現觀次第轉廣大　輕安寂靜清涼生
自力自然遍照觀　本寂歡喜遍法界　現滿三千世界觀　究極分明無分別
窮盡法界不思議　力重心鈍莫作意　隨順法爾顯自然　次第廣觀或斂觀

安然體相最吉祥　妙然本寂無內外　一切方圓本不生　遍周法界體性觀
如意宛轉現本然
久觀心力疲極時　隨緣自然出三昧　次第收攝漸次圓　還同本相初觀月
漸次明空赤裸點　最深秘密本寂照　唯一明點不思議　現生頓空現本然
本來清淨大圓滿　自性如來勝供養　普周法界心中心　淨心現躍海印月
無間流水金剛禪
密境大密甚深密　本然不坐不可得　體性究竟常瑜伽　解脫眾障三摩地
現前歡喜圓初地　五種三昧次第生　三月等引至究竟　久久純熟法性盡
現前密付具緣者　普賢如來自然證　全觀淨照果身德　妙明圓滿見全佛

月輪觀的五種三昧

輪波迦羅三藏即是善無畏三藏，他說修習月輪觀之後，觀得一相成就，在我們心中會獲得五種心義：

一、剎那心

我們在剎那間初心見道，一念相應。就像阿難尊者剎那間看到阿閦佛國一樣，看到了就不見了，就速還忘失，宛如黑夜的電光，暫現即滅。這就是剎那。如果真的是這樣剎那心，是見道位的境界。

如果要嚴格界定剎那心的三昧，它絕不是突然間的意解，如果只是突然間了解一個見地，或是修行時得到某種覺受，這都不是真正的剎那心三昧。而真正的見道位、有證量的剎那心，亦可稱爲「電光三昧」。

二、流注心

見道後念念不斷相續。剎那心是一點，而流注心是一點、一點的突破，到最後打成一片，相續不絕，如流奔注，這叫做流注。

這是我們的心和法性相應，慢慢打成一片狀況。心和法性相互交映，最後心爲法性所流注，稱爲流注心。

三、甜美心

受法性之流的流注之後，所得的境界現象。我們不斷的積功、修行，打成一片之後，能夠虛然光明朗徹，整個身心十分輕安泰然，自然安住於這個境界之中，所以叫甜美。這時禪悅、法悅自然湧現。

四、摧散心

摧散心是要打破精進與休廢兩種不同的境界，而真正要摧散的就是真俗二諦的相對待，因爲猝起的精進與怠惰都是違背法性之道；偏於真諦或偏於俗諦都是違逆平等之道，所以要摧散，使真俗二諦匯歸一味。

五、明鏡心

明鏡心是離於一切散亂，通達圓明的境界；一切無著，自然大圓境智全然現起，這就是明鏡心，其實這也是果地之境。

以上是五種三昧的次第生起。

阿字觀

阿字秘義

在密教的修持法中，種子字觀是不可欠缺的觀法，所以在四種曼荼羅中：大曼荼羅、法曼荼羅、三昧耶曼荼羅、羯摩曼荼羅。法曼荼羅即是種子字，表修行成就的根本心要；三昧耶曼荼羅則是以諸尊的手持物等標幟，來表達諸尊的本誓願力；大曼荼羅即諸尊相好具足之身；而羯摩曼荼羅則是諸尊所行的事業。

之前我們可依兩層意義來所修持月輪觀：第一，月輪觀是一切觀法的基本，因爲不管是觀種子字或是觀大曼荼羅的諸尊身形，其中蓮花與月輪都是必須的，所以月輪觀可以說是一切觀法的根本，這根本就像落日觀為《觀無量壽經》中的十六觀的基礎觀一樣。就如同修禪行者，多先修數息觀做為攝心的基礎，再參話頭一樣。

月輪觀是攝心的基礎，亦為一切觀法的根本。就另一個意義來說，月輪觀是一個三昧耶觀，因為它代表著淨菩提心，所以說它也是一個顯現的三昧耶。

而阿字觀的基礎則是建立在月輪觀之上，阿字觀包含了月輪、蓮花與阿字。在東密胎藏界與金剛界二部的系統下，阿字觀的顯形有所不同。

在胎藏界的阿字觀顯現的相，是在清淨的蓮花上，生出一個月輪，月輪中復有阿𑖀字，代表眾生的如來藏，能出生諸佛，其中清淨的蓮花，有些以未全開且花瓣向內的蓮花，來象徵含於胎藏內而未出生的眾生。

在金剛界的阿字觀所現之相，是清淨蓮花上有阿𑖀字，其外為月輪所包含在內，因為金剛界是現具義，所以它不只是從心蓮上出生月輪，是整個法界遍現月輪。因此，我們在觀月輪的時候，我們從心蓮上出生月輪，具有從胎藏界出生的意義，而當我們觀到月輪遍現整個法界時，它有金剛界轉識成智，即轉眾生五識成如來五智的意義。

同樣地在其他諸尊的現形中，我們也可以透過月輪位置的不同，來辨別諸尊是屬金剛界或胎藏界的尊形。

阿字觀的形成

阿字觀是如何形成的呢？其實，阿字觀的修法，是在不斷的推衍的過程中完成的。

在《大日經疏》卷七云：「凡最初開口之音聲皆有阿聲，若離阿聲，則無一切言說，故爲眾聲之母。」

在緣起上，人們初開口講話，或是小孩出生所發出的第一個音聲，皆是

胎藏界的阿字觀

金剛界的阿字觀

「阿」聲；在悉曇文字中，第一個字母也是阿字，而這梵音聲的阿字，也代表著宇宙的原聲。在字義上這代表一般世間的意義。

而在佛法中，初始阿字並沒有攝入其他的意義，但是到了密教的修法，便將這些屬於世間緣起上的有相瑜伽攝入於修法當中，於是阿字觀便攝入於密法裡，而且成為很重要的基礎觀法。

阿字為一切字聲的字首，在緣起上是為一切之首，這一切之首在佛法當中即是「本不生」之義；而阿字在世間的緣起上也是一切音聲的母體，遠離阿字則一切音聲無法形成，所以它是無生義卻又顯現出成具一切的功德；另一方面，阿字又是現空義，所以阿字現空故本不生，故為一切之根本，以下引用經典來說明。

在《大日經疏》卷七以阿字為「一切法教之本」，《大日經》卷二、卷六也分別讚歎阿字為「真言王」與「一切真言心」，這是代表著當眾生出生時開口即是阿聲的緣起意義，回歸至法性意義之中，這是由緣起秘密與法性秘密兩層祕密所共同現起的義理。

阿字的字義

從阿字的字義來看，阿字含有否定的義理，如《大方等大集經》卷十〈海會菩薩品〉及《文殊師利問經》卷上等，經文中記載阿字有無常義。

又《大般涅槃經》卷八也舉出不破壞、不流等義；《大寶積經》卷六十五則有無作、無邊、無分別、無自性、不可思議等諸義。

《守護國界主陀羅尼經》卷九，又舉出菩提心、法門、無二、法界、法性、自在、法身等阿字七義；同經卷一中更舉列了無來、無去、無行、無住、無本性、無根本、無終、無盡等百義。

其實這些經典所詮釋的阿字義，可以用「無常」來清楚地代表阿字的意義，因爲無常是現空。

所以在《大品般若經》卷五中，解釋四十二字門中的阿字時，則以「一切法本不生」來表達，而如此的表達，已經將阿字的內在義理透徹的表明。所以現在一般常以「阿字本不生」來詮釋阿字的妙義。

除了從「阿字本不生」的妙義來了知阿字的祕義之外，事實上阿字也彰顯了毗盧遮那如來的根本體性，亦因爲阿字是毗盧遮那佛的自內證，可以視爲大日如來法性自身。

正如同在《大日經》中，大日如來宣說：「我一切本初，號名世所依；說法無等比，本寂無有上。」

所以胎藏界大日如來即是一切本初的境界，亦稱爲本初普賢如來。

阿字十義

在覺鑁上人的《一期大要祕義集》中，曾揭示阿字十義，現在列舉說明如下：

㈠平等之義：阿字於一切諸法無高下之差別。因爲其體性平等無差別故。心體本來即是平等，無凡聖的差別，一闡提亦具佛性，眾生一如平等。

㈡無分別之義：阿字，爲諸法無分別之義。阿字的自體，體性清淨無染垢故，心體本離煩惱，本來清淨，一味純淨。

㈢無生死之義：阿字，爲諸法無生死之義。離有分別、無分別故，心體本無分段生死、變易生死的差別，其相寂然常住。

㈣本不生之義：阿字，爲諸法本不生之義。因爲妄念不生，淨法亦不生，所以心體無爲，永不起滅，就如同心海常住一般，不動不搖，也不起波浪。

㈤無始之義：阿字，爲諸法無止盡之義。因爲本來即存有，無有初起故。因此心體本有，無始無終，能周遍法界，常住一如之際的實相。

㈥無住之義：阿字，爲諸法無住處之義。因爲既不住生死，亦不住涅槃。所以心體無所住，無染無淨，而周遍法界。

(七)無量之義：阿字，爲諸法無量之義。因爲萬法即阿字唯阿字，阿字無量無邊。我心周遍法界，心即一切諸法，因此諸法無量，心亦無量。

(八)無我之義：阿字，爲諸法無人我與法我二我之義。人我不生，而法我亦空。我心即是阿字，眾生即是阿字。二者無分別也無我，唯有阿字而已。阿字即是真我。

(九)無為之義：阿字，爲諸法無爲常住之義。因爲一切有爲諸法均歸阿字，離阿字無法詮表有爲妄法。三毒即是彰顯無爲之真。

(十)無闇之義：阿字，爲諸法無冥闇之義。因爲其體遠離無明，常能了了分明，所以心離無明，是名爲大日。於生死長夜之中，能夠永恆的明曉。

前面所介紹的阿字義，特別是表達胎藏界大日如來所宣說的自內證的境界，由於「阿字本不生」是表達大日如來的理法身，所以大日如來亦以此爲種子字。

在《大日經疏》卷七云：「毗盧遮那唯以此一字為真言也」，亦是說明阿字代表胎藏界的大日如來。這胎藏界大日如來，在東密的顯示本初普賢的境界，在藏密則爲第六金剛持，而藏密的寧瑪巴紅教特別示現爲普賢王如來。

這其實都是在表達我們眾生本具的佛性，也就是本初普賢或是因地普賢，都是我們本具的自性清淨之心，而以阿字不生來顯示。

而「阿字本不生」是本不壞、無可滅、是現成、是現證、是不可思議、是如如，能出生、能用，而在此則成爲菩提心的種子。

在《大乘起信論》中，我們了解「一心能出二門」，一心指眾生心，二門是指心真如門及心生滅門。

而菩提心的種子是開出心真如門的根本，因爲「悲者法界之力，智者法界之體」，由於悲智雙運而能出生法界，所以菩提心種子能夠出生諸佛；但是諸佛與眾生其實是平等不二，還是匯歸於「阿字本不生」，然而它卻能如實出生一切。

因此我們持誦阿字時，若能與法性相匯，就能因此出生菩提心，而成證菩提果；也就能以胎藏界阿字證入金剛界阿字；即是轉一切本不生的如來藏，成為一切本不生的智慧大法身；匯歸胎藏界的大日如來成為金剛界的大日如來；如此即是子母光明會，卻仍是在阿字當中出生、圓明。

然而阿字本不生卻何能出生呢？因為它是匯歸於性空，是緣起諸法的法性盡處，所以能出生一切，這是極為不可思議的微妙大義。

而體性上阿字空寂如法界體性，阿字出生如如智，顯現真空妙有的實相，能現前出生一切，並且能引生一切，使這一切與法界之流相應，就如子母光明相應一般，最後終究圓滿佛智。

阿字的音聲

在弘法大師的《聲字實相義》中云：「五大皆為響，十界具言語、六塵悉文字，法身即實相。」地、水、火、風、空五大皆爲響聲，十方法界都是現具的言語，所有的色、聲、香、味、觸、法六塵悉皆爲文字，而法身即是現前的實相。

其中以「法身即實相」最爲重要，因爲前面的三句緣起義總歸到這一句話中，而這句話在《法華經》則以「是法住法位，世間相常住」來表達，這都是歸通於法界體性智。

那麼五大（地、水、火、風、空）、十法界（地獄界、餓鬼界、畜生界、修羅界、人間界、天界、聲聞界、緣覺界、菩薩界、佛界）、六塵（色、聲、香、味、觸、法），都是現具阿字的文字、語言、音聲，皆與實相相應會通。

所以透過如此的了解，我們可以將之引至阿字來觀察，變成阿字的聲音、阿字的字形與阿字的實相之義。

首先要了知阿字真正音聲是來自何處？

阿字是緣起於生命的基本語言。就眾生而言，它是混沌無明之聲，是我們在無明法界初起之時，在聲相上所產生的強力音聲。

但是，若了悟本不生之理時，它是以大空明覺的實相，來與初始緣起的混沌相應，而成就法界體性的智慧，是世、出世間的交融，因此能轉明為空的法身相，而不再落入無明之中了。

所以，不了解「阿字本不生」時，我們唱誦阿字或唵、阿、吽之音時，與婆羅門教唱嗡字聲一樣，是落入於無明混沌，若我們真實了悟「阿字本不生」的義理時，所有的表相皆成為如來的實相義。

密法最重要的地方，就是把一切緣起上的現象與象徵意義，轉成為法性上殊勝有力的意義；也就是把一切現前存有的現象，體悟其象徵意義，然後以佛法的空性轉成如幻三昧，這時能夠成為有力的作用，並影響轉換世間的存有，而成就出世間的道果。

阿字聲的修法

當我們了悟法性的意義之後，再來唱誦阿字音聲便具有很大的意義。

但是當我們了解法性意義之後，就能了知阿字聲是宇宙所發起的緣起之音，然後以法性、體性覺明來破除無明黑闇，以緣起與法性的理事交融，而在修持上產生大作用力。

我們在修習此法時，當我們的身心愈來愈放鬆且愈來愈空明時，開始會有本然的阿字聲產生，這是我們修持到一定程度的定力之後，由於身心的氣脈的振動所自然發出的阿字聲。

但是如果所發出的音聲是近於阿字聲，卻仍有偏差，這是什麼原因引起的呢？

這是因爲中脈仍然尚未開啟，還是在無明混沌的狀態，由於我們尚未覺悟，而使這阿字聲或偏於，左或偏於右，或偏於前，或偏於後，或偏於扭轉，或是偏於纏縛當中，因爲它不是性空的緣故。

真正的阿字聲，是由我們的中脈所發出的。當我們的身心完全放空後，所生起的脈即是法界中脈。

此時所念誦的聲音，才是真正的阿字聲，是由空性的中脈中所發起的音聲。而這中脈即是法界的中心點。

爲什麼中脈是法界的中心點呢？

其實法界是沒有中心點的，因爲法界的遍一切處，所以沒有心中點。而在此所謂的法界中心點是緣起義，但是當行者當未了悟法性遍一切處時，則中脈不會現起；那是因爲我們心中有無明執著的緣故。

當我們現證空性，現前自身即是法界的中心，就能自在的現起廣大作用，同時於一切處都是中心點，能與能所平等無二的對應於一切如來與眾生。

從空性中脈所發起的音聲，它是本不生的音聲，但是當我們唱誦出來的卻是有聲，所以在緣起上有作用有體相，現起能夠法爾不滅的音聲，才是真正不生不滅的妙音。

當行者初修時，發聲念誦阿字音，或是心中默念，如果身心沒有放空的唱誦，心中沒有真實地了悟其祕義，那麼與其他外道的修法就沒有兩樣了。所以要在身心放空之後，感覺自身一念從法界生起時，在中脈之中，以出聲或不出聲來唱誦，到最後不作意時，自然從中脈現起阿字音，這即是不假循誘純任自然。

這時若脫口唱誦阿聲，即能「長阿一聲入空定」，入於非長非短的性空三昧中，這是阿字音聲的極義。

五種念誦法

而音、形、義的觀法，都是要使我們的身心，成爲阿字的三摩地念誦，這念誦的根本在前所說的中脈念誦爲主，可以輔以弘法大師在《祕藏記》所提的五種念誦方法，使這五種念誦更有力，其念誦方法如下：

1.發聲念誦：

在發聲念誦上，我們要觀想自己的身心中具有蓮花，而蓮花上有法螺，由此法螺來唱通出阿字音聲。如果持誦時間不長，蓮花與法螺可以觀想在心輪；如果要長久持誦，則建議將蓮花與法螺觀想在海底輪。

五輪塔中的水輪，相應於我們的身體的部位，即是在臍輪、海底輪的位置，所以觀想海螺在海底輪，在緣起上是很相應的。

現在觀想海底輪有蓮華、海螺，海螺發出阿字聲。如果海螺口朝上，如定海珠（右旋的海螺）一般聲音幽長，十分美妙。

海螺不斷地發出阿聲，由於阿聲的振動脈道，先將中脈中的脈結鬆開了，中脈的心、氣、明點及脈結等都觸及阿聲，而全然轉爲清淨：心、氣、明點都轉爲清淨了，而脈轉爲柔軟，身體的各部份也全部都調和柔軟。

如果行者是以坐姿修習此法，則行者的身體可以整個放鬆、放下，從骨頭中、每一個細胞都是阿聲，甚至每一個小毛孔都是如同海螺發出阿字聲，直至整個法界都是阿字聲。

修持到此境界，當行者睜開雙眼再度看到外界，有時會感覺全部的世界像罩上水晶般十分的明亮。此時身心的覺受應該是很舒暢的。

修習此法，整個世界都隨之而得到清淨，雖然我們的力量微小，在緣起、現實上是無法大幅度地影響，但在因緣上必有其妙義存在。

2.蓮華念誦：

蓮華念誦是指只有行者自己的耳朵，才能聽到很細微的阿字聲的方法。因爲這時我們身體內在的聲音與外在阿聲，兩者聲音相互抵消掉，所以只有感覺自己的脈在振動；這時整個內聲、外聲統一起來，一起振動。

此時由於內外聲的統一，因此整個身體就形成爲阿字聲的脈動。這是蓮華念誦法的特色。

3.金剛念誦：

金剛念誦是行者的唇齒閉合，只有舌端稍微啟動，以發出阿字聲的念誦方法。

4.三摩地念誦：

三摩地念誦是行者的舌根不動，只有以心來念誦。這個方法修練純熟時，行者會聽到宛如在空谷當中的長阿聲，阿聲的振動一直無間持續傳出。

5.光明念誦：

光明念誦是觀想阿字聲轉成爲光明，這是聲、光合一的念誦方法。聲即是光，光即是聲。但是，不論出聲與否，整個阿字都是光明地念誦，身心每一個毛孔都放出光明，都是阿字。

音聲是否有光明呢？

光明念誦是將阿字聲轉成光明。

光明是否有聲音呢？

從阿字光明中發起聲音，

光明從毛孔出來時，就是阿字聲。

之後，就可以聽見輕輕揚起的彩虹之聲。

當行者的每一個毛孔都流著阿字光明時，整個身體也會逐漸轉變成一個大阿光明，而且這個大阿的光明體，仍然會不斷地流出阿字的光明。

在蓮師傳中記載著：蓮師修法時，自身變成一個吽字，同樣地，當我們修習此法成就時，亦可使自身成爲一個大阿字。

「阿字觀」的詳細修法，請參閱《阿字觀》一書，有興趣修此法者，亦可以「阿字觀體性頌」作爲日修儀軌。

阿字觀體性頌

無生阿字真言王　體具一切真言心　法性究竟本不生　緣起極秘法界本

體性法界同圓具　現成長阿住本空　圓滿胸臆體性輪　普賢心月赤裸現

無初無住法然體　赤露明空無生滅　無雲晴空滿秋月　胸臆心輪若蓮華
白蓮八瓣正開敷　本心妙華秘標幟　蓮臺實相自然智　華葉大悲勝方便
台上阿字法然現　阿字月輪密種子　月輪阿字淨明光　阿字月輪同一體
現觀自身成阿字　阿字如實體性心　心境不二緣慮絕　月輪性淨離貪垢
清涼去瞋恚熱惱　光明現照愚癡闇　三毒淨盡離眾苦　生死自在住本然
一肘如量淨月輪　阿字妙義如實觀　法爾一切本不生　或三義有空不生
本初緣起勝妙有　法無自性現前空　空有一如本無生　不生不滅常住阿
現成大日法身體　初心生死輪迴絕　行住坐臥不離阿　頓然法界體性身
或觀五義十妙義　百義眾義無量義　六塵文字十界義　法身實相真妙義
色聲文字無非阿　法然隨緣現實相　見本不生具佛智　現前如實知自心
即身成佛本不生　諸法從本不生滅　煩惱不生菩提空　一切智智現前證
法界緣起一切法　毗盧遮那法界身　十方通爲一佛國　全佛法界大圓滿
究竟清淨菩提心　所對眾緣大日身　妙引心月法爾住　本然菩提阿字廣

理智清涼法界相　自生自顯自廣大　二尺三尺如四尺　漸增廣大如實觀
如牟尼寶體現空　如金剛色自性淨　一丈二丈滿室中　一家一城大地界
盡滿虛空如力觀　究竟分明心本然　如力清涼極歡喜　遍周法界自然觀
無方無圓盡阿字　善會阿體本不生　毗盧遮那法身全　十界六道無差別
現成法界金剛宮　身土不二常寂光　行住坐臥無分別　法爾菩提大法身
廣周法界退藏密　次第廣觀行斂觀　如意自顯自法界　自然解脫大自在
法爾無縛次第收　阿字漸斂還本然　三千大千一世界　如地如城如家室
本相一肘如許大　漸密極微成空點　月密阿字如虹絲　赤裸最密最寂明
惟一明點本法性　法界當體極大空　一體速疾力三昧　普賢因果大法身
現成一肘次第現　平常安住阿字明　恒現如實空阿字　二六時中淨菩提
或觀阿字無見頂　神牛降乳壽持明　無生阿密注中脈　法界體性金剛明
不忘菩提心三昧　隨生心身自清淨　阿字聲示本不生　無初自然隨命息
不見身心因緣起　中脈智氣等大空　堅住金剛性體中　耳根清淨自耳持

六大聲響十界語　六塵文字法身相　出入如幻長阿定　發聲蓮華金剛誦
三摩地念光明誦　長壽持明阿息觀　息息阿阿無可住　無出無入大阿空
無生無滅實相阿　真如大日法界身　阿字音聲法界密　帝網重重海印定
圓頓阿字現法身　常寂光中金剛定　阿字義息相大悲　法界全同阿海印
全佛圓頓不離阿　普賢如來不行到　全圓妙果四法身　普賢法界阿不生

第五章

四部修法

——密宗教法的四層次第

在密宗教法的分類上，由於發展因緣的不同，而有不同的分類。如東密由於傳自中國，以金剛界與胎藏界兩部大法為中心，視為最高法門，此外再加上部類繁多的諸尊獨部法門。

但以無上瑜伽部密為中心的西藏，卻有不同的分類方法。在現存的「西藏大藏經」中，其編輯方式的基礎，主要由十四世紀西藏佛教的卓越學者布敦所建立。布敦在他所著《善逝教法史》（一般稱為《布敦佛教史》）中的後半部中，採用四分法，將密教的經續怛特羅加以分類。

怛特羅的四種分類

這四種分類是：

一、所作怛特羅（事部或事續）

二、行怛特羅（行續）

三、瑜伽怛特羅（瑜伽續）

四、無上瑜伽怛特羅（無上瑜伽續、大瑜伽續）

這種分類不只用於經續（甘珠爾），也適用論疏（丹珠爾）中的成就法與註釋書。而此種怛特羅的四種分類法，在宗喀巴的《密宗道次第廣論》被完整的應用，也一直是西藏最重要的分類方法。

所作怛特羅，主要是以口誦真言、手結印契，以對諸佛的禮拜、供養等各種儀軌爲主要的作法。是教導藉由外在所作，以實行密儀的聖典。在此，各類陀羅尼經典及《蘇悉經》、《蘇婆呼童子經》、《蕤呬耶經》都屬於此類。

行怛特羅是依據所作怛特羅的儀軌爲基礎，再加內在的禪觀，兩者在行法時，同時展現。其代表經典爲《大日經》，此經述說身（印契）、語（真言）、意（三摩地）三密相應相即的行法，即屬此類。

瑜伽怛特羅則修行更爲深化，其重點在於內在的禪觀三摩地，以三密相應而獲致佛與行者不二的境界，是此瑜伽行的主要目的。在此《金剛頂》爲代表經典。

無上瑜伽怛特羅則以瑜伽怛特羅爲基礎，而直接將我們的身體視爲本尊的曼荼羅，並依此修證以圓滿佛陀的法、報、化三身。

無上瑜伽的修法又分爲：㈠主張以方便爲根本的經續，稱爲父怛特羅，此類以《祕密集會怛特羅》（密集金剛）爲主。㈡以般若大樂爲核心修法的經續，稱爲母怛特羅。如《喜金剛怛特羅》等類的經續。㈢綜合母般若與父方便前二種續，而顯示雙入特色的稱爲無二續，主要以《時輪怛特羅》爲主。

這種怛特羅的四種分類法，源於印度後期的密教，後來成爲西藏密教的主要分類法，及判教的核心。

我們觀察這四種的分類法，其中有濃厚的判教意味。從所作、行、瑜伽到無上瑜伽，其實是一層一層的修行次第。這種分類法，出現在公元九世紀無上瑜伽部流行之後。而明顯詳分這樣的分類，也應在十世紀之後了。

因此，在中國唐代，由開元三大士善無畏、金剛智、不空等傳入了金剛界、胎藏界兩部密法，而將兩者視之爲最高的修證典範，並依此平等的發展了兩部大法。並由空海傳入日本，成爲東密的根本大法。

無上瑜伽部的典籍直至宋代才傳入中國，主要有由施護所譯，屬於父續的《金剛三業祕密大教王經》（《祕密集會怛特羅》），及由法護所譯屬於母續的《大悲空智大教王經》（《喜金剛怛特羅》）爲主，但在中國並沒有流行。而中國的教法在唐代也已經成熟的自行發展了。

西藏佛教在早期雖然來自中國、中亞與印度的教法，但是後來最主要是從印度傳入，並接受大量後期密教的無上瑜伽怛特羅，並以此爲中心，發展成爲西藏密教。所以無上瑜伽部的四種分類，便成爲西藏經典的編輯根本及判教的中心。

因此，也無怪乎在中國及日本密教中，被視爲無上大法的《大日經》，在四部分類中，被視爲是第二層的行部怛特羅了。

現在，爲了完整的介紹密教的見地及發展，所以將這四層的分類次第，加以說明。

事部心要

在密法的修法過程中，與其他宗派相較之下，是最講究儀軌與觀想，而在儀軌當中，也有很多繁複的動作，比如說：如何灌頂？修法前如何洗浴？如何入佛堂？如何念誦？如何承事本尊？如何著衣入座、加持供物？如何讚嘆供養本尊？如何懺悔、行法等都有如緣的規定。

初學者就像過去的學徒一般，開始從灑掃清洗等基本工作做起。

一般而言，「事部」是以事相爲中心的密法，最主要是十八道——供養、承事諸佛的過程，整理成爲事佛十八道，是屬於較基本的工作。

事佛十八道

事部行者一天要修下列十八法：

1. 清淨罪障，使行者能更近諸佛。
2. 請佛部的佛陀來清淨自身的惡業。
3. 請蓮花部的佛陀來清淨自身語之讒謗業障。
4. 請金剛部的佛陀來清淨自身意之邪見業障。
5. 披金剛金剛甲冑以護此清淨身。
6. 於行者隱居所環布金剛網。
7. 將關房圍以金剛牆。
8. 觀佛壇城即住此關中。
9. 觀虛空藏菩薩（Mahasattva Ākāśa-garbha）嚴飾此壇城。

10.觀想遣車迎佛。

11.正確地引車乘駕入壇城。

12.車乘入壇後迎佛。

13.將壇城佈滿智火。

14.灑蓋金剛網於壇城。

15.將壇城內部佈滿智火。

16.供聖水請佛沐浴。

17.供蓮花座。

18.獻各種妙供。

透過這些儀軌規定，一層一層漸次深入，要如何頂禮、叩頭、禮拜，這所有的儀軌過程就宛如人間的禮儀一般，其中又有幾點幾分要怎麼搖鈴、打鼓、唱誦……等等，何時作什麼，另外一時又要作什麼。

這就宛如外交部的禮賓司一樣，迎接總統有國家的大禮，總理、院長、部長、將軍的禮儀，一套一套，絲毫馬虎不得。這些外在儀軌都很複雜，但爲的是要去除我慢，要大家以至誠之心來行儀。

從自身的清淨，到迎請法，最後到迎請本尊。這樣一尊尊的迎請，再加上每一個繁複的儀式中，特別的飲食、供養……等咒法和修法，此外，還有不少的法器、工具，更加添其繁複的程度。

這樣的修法有幾種好處：讓我們去做很多事情，而沒有時間亂想，依著厚厚的法本修持，腦中沒有多餘的時間來胡思亂想。這運用宛如人間禮儀的修持法，是屬於事部的法門。

行部心要

經過事部的修習，進入到行部已經牽涉觀想功夫了。行者已經可以正式進入壇城。

此時行者必須對自己和本尊的關係做實質化的觀想。

行部中有所謂四聖緣：一、行者應觀自身爲因位佛身，二、行者觀想自身頂上有一本尊或果位佛陀，三、行者在自心中觀月輪，代表佛陀智心，四、觀行者對生佛陀心中的月輪，由於行者心中月輪移到對生佛陀心中，所以，此時行者的智慧與佛智合而爲一。

觀想自身頂上現起的佛陀或本尊，稱爲自生本尊，於虛空中出現者則爲對生本尊。

這時，行者與本尊的關係是「本尊加持行者」，行者不敢以佛、本尊自居，所以在事部、行部、瑜伽部裡都還有修法完後，奉送本尊之事。

關於本尊觀，於生起次第將有更詳細的介紹。

瑜伽部心要

行者經由事部種種事相的磨鍊，已經將身、語、意三業調鍊得較清淨柔軟，於是進而入於瑜伽部，修學更進一層的觀行。

在密教的金胎兩部大法中，五相成身觀與五輪塔觀是最根本大法，二者都是修行成就的必備要門。以下分別介紹：

金剛界五相成身觀

五相成身觀是金剛界的基本觀法，也是本尊瑜伽的重要基礎，任何修習本尊瑜伽的行人，都應通達這個觀法，使本尊瑜伽易於證得。

五相成身觀基本上就是要將凡夫身轉成金剛佛身的重要觀行，但這個觀行需要從清淨的佛種——菩提心中出生，而菩提心涵蓋悲智二義，從悲智種性的菩提心中出生，最後從心到身徹底轉化以成就佛身。

如果密教行人，不了解菩提心的真義與在密法中的重要，只一味的觀佛外相，祈求本尊加持，而不能真實與本尊身心相應，真可說是緣木求魚了。五相成身觀即是1.通達菩提心2.修菩提心3.成金剛心4.證金剛身5.佛身圓滿，爲行者成就本尊身所應具備之五相。

行者次第縱觀五相而得「即身成佛」，亦即通達本心中本有性德之菩提心後，進而觀自心清淨如滿月，而爲修菩提心；再觀本尊的三昧耶形，並依廣觀、斂觀，而成金剛心，證得自身與諸佛融通無礙，能使行者自身即成本尊三昧耶身之證得金剛身，最後完成觀行後，佛身圓滿與佛無二無別。

又五相各有自證、化他二門，依序能與大圓鏡智、平等性智、妙觀察智、成所作智、法界體性智等五智相配，若以種子字、三昧耶形、尊形之次第及三身相配，則通達菩提心與修菩提心爲種子位（即法身），成金剛心與證金剛身爲三昧耶位（即報身），佛身圓滿爲尊形位（即應身）。

五相成身之觀法者，爲即身成佛之要道，頓證菩提心祕義，是金剛界的基本觀法，其觀法次第行者應愼用心，不可粗略而過。若有明眼上師指導，是爲最佳。以下所介紹的是一般五相成身觀修法次第，讀者若欲詳加了解，可參閱拙著《五相成身觀》。

五相成身觀次第觀法

1. 入堂

同月輪觀。

2. 淨地

手結金剛合掌。

囉儒　波議哆　薩嚩達莫

觀想當前器界皆歸寂靜。

3. 淨身

手結蓮華合掌加持四處（心、額、喉、頂）。

唵　娑嚩婆嚩秫馱　薩嚩達莫

觀自身三業皆歸寂靜。

4. 觀佛明

手結金剛合掌。

唵　欠　嚩日囉馱覩

觀諸佛種性遍滿心地。

5. 驚覺印

行者手結驚覺印，二手結剛拳當心，二小指鉤結，二食指側相柱，三舉至額。

唵　嚩日嚧底瑟姹　吽

觀一切佛皆自三昧起，現身虛空趣向道場。

6. 四禮

手結金剛合掌（各誦真言一遍）

㈠禮阿閦尊

以胸貼地（舉印於頂上）

唵　薩嚩怛他誐多布儒　波薩他那夜

怛麼喃你哩多夜弭　薩嚩怛他誐多嚩日

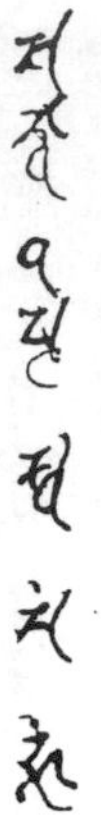

囉薩怛嚩地瑟吒婆嚩舲　吽

觀胸間字，變成五股杵（金色），充及於全身，放無量光明，皆化金剛手。

㈡禮寶生尊

以額貼地（印當心）

唵　薩嚩怛他誐多布惹　毘晒迦夜　怛

麼喃你哩也多夜弭　薩嚩怛他誐多嚩日囉

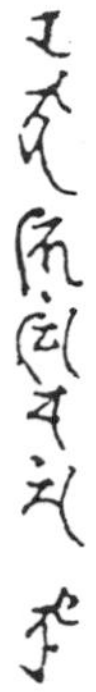

囉怛那毘詵者鈐　怛洛

觀額間字變成摩尼寶（綠色），充及於全身放無量光明，皆化虛空藏。

㈢禮無量壽尊

以口貼地（印當頂）

唵　薩嚩怛他誐多布惹　鉢囉嚩哩多那夜

怛麼喃你哩也多夜弭　薩嚩怛他誐多

嚩日囉達磨鉢囉哩多耶紟　紇利（種子）

觀口間字變成八葉蓮（紅色），充及於全身放無量光明，皆化金剛法。

㈣禮不空成就尊

以頂貼地（印當心）。

唵　薩嚩怛他誐多布惹　羯摩抳　阿怛

麼喃你哩也多夜弭　薩嚩怛他誐多嚩日囉

羯摩矩嚧給　噁

觀頂間字變成羯摩杵（雜色），充及於全身放無量光明，皆化金剛業。

7.偏禮

持地印置頂（右仰左覆）

唵　嚩日囉勿

觀自身普禮一切如來最最勝金剛身。

8. 五悔

手結金剛合掌跪誦。

歸命十方一切佛　最勝妙法菩提眾
以身口意清淨業　殷勤合掌恭敬禮
皈命頂禮大悲毘盧遮那佛　（一拜）
無始輪迴諸有中　身口意業所生罪
如佛菩薩所懺悔　我今陳懺亦如是
皈命頂禮大悲　毘盧遮那佛　（一拜）
我今深發歡喜心　隨喜一切福智聚
諸佛菩薩行願中　金剛三業所生福
緣覺聲聞及有情　所集善根盡隨喜
皈命頂禮大悲　毘盧遮那佛　（一拜）

一切世燈坐道場　覺眼開敷照三有
我今踋跪先勸請　轉於無上妙法輪
所有如來三界主　臨般無餘涅槃者
我皆勸請令久住　不捨悲願救世間
皈命頂禮大悲毘盧遮那佛　（一拜）
懺悔隨喜勸請福　願我不失菩提心
諸佛菩薩妙眾中　常為善友不厭捨
離於八難生無難　宿命住智相嚴身
遠離愚迷具悲智　悉能滿足波羅蜜
富樂豐饒生勝族　眷屬廣多恆熾盛
四無礙辯十自在　六通諸禪悉圓滿
如金剛幢及普賢　願讚迴向亦如是
皈命頂禮大悲　毘盧遮那佛　（一拜）

9. 著坐塗香

10. 四無量心法

手結三摩地印。（此處用彌陀定印）

二手外叉二食指屈中節，合背二拇指壓風端仰當臍下，分作四種真言觀想如左。

㈠慈無量心

唵　摩訶昧怛囉也　婆頗囉

以清淨心遍緣一切有情皆具如來藏、三種身口意金剛，以自善修三密功德力加持故，願一切有情等同普賢菩薩。

三種身口意約自性身、自受用身、他受用身，皆以普賢心而出生之。

㈡悲無量心

唵　摩訶迦嚕拏耶　娑頗囉

以悲愍心遍緣一切有情沉溺生死、不悟自心、妄生分別，以我修三密功德力加持故，願一切有情等同虛空藏菩薩。

眾生若悟自心本無量功德，不惑於不滅法，則能顯現虛空藏性。

㈢喜無量心

唵　秫馱鉢囉謨娜　娑頗囉

以清淨心遍緣一切有情本來清淨，猶如蓮不染客塵，以自善修三密功德力加持故，願一切有情等同觀自在菩薩。

隨喜功德能開敷自心蓮花藏，然須運以清淨心，乃與觀自在相應。

(四)捨無量心

唵　摩護閉乞灑　婆頗囉

以平等心遍緣一切有情能所皆離性相，並空心本寂滅，以自善修三密功德力加持故，願一切有情等同虛空庫菩薩。

入涅槃心萬法盡捨，則能隨機興起任何法事，如虛空寶庫應用如意。

11.金剛合掌

印如常（金剛合掌）

唵　嚩日囕　惹里

觀想諸佛法力齊加持於自身。

12.金剛縛

手印：前印轉成外縛（十指各屈附他掌之背）亦（不散）

唵　嚩日囉　滿馱

觀想自力與佛力合爲一體。

13.開心門

手印如前外縛印三開拍胸而散於頂

唵　嚩日囉滿馱　怛囉吒

觀想阿字在面前虛空中，從彼放出一道強光射入心中，將心打開，轉成智慧；打開的心就如宮殿光明遍滿。

14. 入智印

兩手外縛當心，屈二拇指入掌，抵小指、無名指之間，次舒二拇指，取心前白色噁字入心，隨誦真言一遍，如是三度（此印不散）。

唵　嚩日囉吠捨　噁

觀想面前一肘量八寸間有月輪，居於白蓮花上月輪中有白色噁字。次觀自心蓮花上有七寶宮殿，中有圓淨月輪，並取前觀之噁字入心，於心殿即現此字，表徵諸佛法流匯入自心。

15. 合智印

手結前印取噁入心已三，則屈食指合甲，押二空初節，三觸自心。

唵　嚩日囉母瑟致　鑁

觀想諸佛法流活動於自心中，而以本印封鎖之，鑁者，以滋潤力融化佛力。

16.普賢三昧耶

手結獨股印（外縛、甲合二中指）加持四處

唵　三摩耶　薩怛鑁

觀想自身依據定力接受他身慧力，復發展慧力和加持餘身，是謂性（義爲入我我入，亦稱相互融攝），若能相應當體即空，則成，即普賢法身。

17. 極喜三昧耶

二手外縛，二次入掌合面（即指端切合）小指、拇指各豎合，三度剌心。

唵　三摩地　斛　蘇囉多　薩怛鑁

觀想自身接受加持力時，心中現起喜躍種子，頓覺適悅逾於恒常，而施加持力於他身，亦顯同等適樂妙趣。

18. 正修五相成身法

行者結跏趺坐，金剛定印，閉目澄心，氣息極細，實相現前，一塵不染，空中諸佛忽然遍現，彈指驚覺，令起佛性，行者受諳，敬禮諸佛，虔求開示，蒙示五境，遞授真言，定中涵泳。

㈠通達本心（通達菩提心）

唵　質多　鉢囉底吠鄧　迦嚕弭

通達其義理，知身心皆由人的業力所造成，而佛則出自法身，因此先得觀想心之本質。

㈡修菩提心

唵　冒地質多　母怛波娜　夜弭

於無所得中，觀心淨月圓明，如八寸圓月，瑩徹胸際，大圓鏡智，凝集所成，一切種性，賅攝於內。

㈢證金剛心

唵　底瑟姹　嚩日囉

於心月輪上觀五股金剛杵，如心一樣大，漸次擴大如自身，再繼續廣大如關房，續觀廣大如虛空，廣大如法界一樣大之金剛杵。接著進行斂觀，觀想五股金剛杵從法界大，然後愈漸縮小，小至退藏於密。

(四)成金剛身

唵　嚩日囉　怛麼句唅

觀想五股金剛杵如虛空，既遍十方，還復收斂，小如種子，最後等自身量、法界所鍾、大雄無畏，住地無明，一時頓破。

(五)現普賢身（佛身圓滿）

唵　三曼多　跋捺嚧　唅

爲攝持眾生，同入佛境現普賢身，光明皎潔，戴五智佛冠，相好莊嚴，白蓮爲座，左手持鈴右手持杵。

19.普賢三昧耶

手結獨股印（外縛豎合二中指）加持四處

唵　三摩耶　薩怛鑁

行者自身，得此加持，心縱稍散，尊形不失。

20.五佛冠印

兩手外縛、立二中指、屈上節如劍、食指二立中指背、不相著，印頂上五處（初正中，次頂前，次頂右，次頂後，次頂左）。

唵　薩嚩怛他蘖多　囉怛那　鼻矖迦　噁

觀想自頂部，五智上徹諸佛法流齊來匯合，依據髮冠聚成五佛。

21. 繫髮

手結前印移至額部，分作二金拳，於額前腦後各作繫結勢三度，隨由腦後分手，循兩頰而下（指尖向地）至兩脅，復側合於胸際。

此印作法，初以二金拳側合，豎二火，交初節，火尖初向上，次屈向身，旋指地，復向外，終仍向上，名爲繫結一度，兩指旋繞繫結時，掌心亦從而轉移，由向身而向地，而向外，終向身。

唵　嚩日攞摩攞　鼻詵者鋡　鑁

觀想五佛寶冠、盛繫諸鬘、種種莊嚴潤飾我身。

22. 結冑

手印二金拳掌心側合已，更繫結十四處（兩處重複實得十二處）每處各結三度。

繫結次第：⑴心⑵背⑶臍⑷右膝⑸左膝⑹臍⑺腰⑻心⑼右肩⑽左肩⑾喉⑿頸⒀額⒁頂後。

唵砧

中指之端各觀綠字，右左變爲綠索，處處繫索，甲冑斯固。

23. 拍掌

手結前印在頂後繫結已，分手下垂至胸前，拍掌三度，初二兩度皆向外垂拍無聲，末度掌則向身而起，豎拍有聲。

唵 嚩日囉靚使也 斛

觀想甲胄威嚴，雜染不入，聖眾咸悅，示拍掌相。

五輪塔觀

五輪塔觀亦名六大瑜伽法、五字嚴身觀、五大成身觀、五輪成身觀或五輪觀，視法界爲地、水、火、風、空、識等六大所成。

我們現觀五大的能觀之心，即是識大，而我們所觀照的五大，即是法界構成的質素。當這六大能常相應瑜伽，我們自身即現前成就五輪塔，也是圓滿了大日如來自身。

而其中所謂的五字，是地、水、火、風、空五大，在梵字中即是阿、鑁、嚂、唅、欠五字。我們在修法時，將阿字布於下身，鑁字布於臍

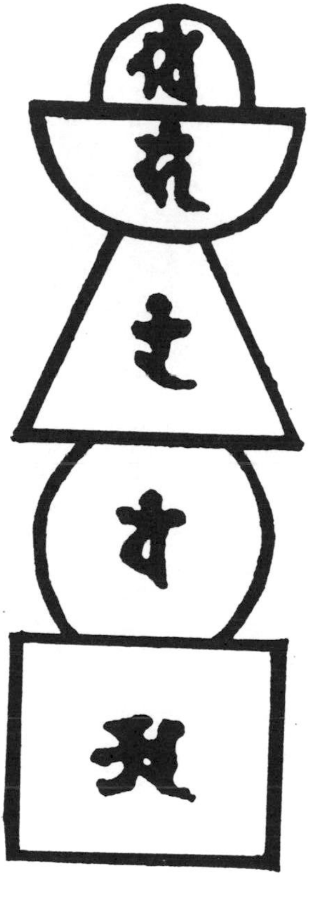

五輪塔

上，嚂字布於心間，哈字布於眉，欠字布於頂輪，即是成爲法界自身的地、水、火、風、空等五輪。如此修持，不只能滅除一切罪業，連天魔也無法加以障礙；終究能成就無上的果位。

1. 入堂

如月輪觀。

2. 普禮

如月輪觀。

3. 懺悔

我從無始來　流轉生死中
恣身口意等　造作諸惡業

今對大聖尊　盡心而懺悔
願垂加持力　自他悉清淨

4.上坐

如月輪觀。

5.塗香

6.莊嚴自身

即清淨三業，佛部、蓮花部、金剛部、披甲等五種印明總稱。

7.四無量心

即於慈、悲、喜、捨四種印明，先須精詳觀想。

8.入佛三昧耶

手結蓮華合掌，竝豎二拇指，印五處。

南莫三曼多勃馱喃　阿三迷　底哩三迷　三麼曳　莎訶

行者若能相應於法界本源，即入「本不生際」的妙境，此境原無形相，權以阿𑖀字代表之。

諸佛眾生皆以阿𑖀字爲根本，即自性與十方如來法流隱相結合的據點。我們自身本具此妙，由於無明所遮蔽，而不自知。故需歷劫修行，修到等覺位後，方能徹底證明。而密宗有殊勝方便，能於情識之中直提此性而光大之。

修習此印明的方法，先結法界定印，將一切塵境盡量放捨，而在心中觀想密察一點阿𑖀性。其色潔白，瑩徹光明，漸漸引舒變大，遍一肘量（即徑八寸圓相）。

剛開始是假觀，然而久久專注，諸境不能擾亂，漸漸離去意識自能堅定，心中若有光潔之月輪存在，即成阿字三昧。

將此境界以印契表之，隨誦真言以培其根，並加持五處（頂、喉、心、兩肩），使性從自身輝發，以屬毘盧遮那如來初步境界，故名入佛三昧耶。

9.法界生

二手金剛拳仰當心，側合二風，誦真言一遍，隨舉印向上，以風端拄頂，再誦一遍後，從頂分手循耳背下，漸散諸指（先散地次散水次散火）復誦一遍。

南莫三曼多勃馱喃　達磨馱覩　娑嚩婆嚩　句憾

法界總體本來無質無形，諸種子各自隨緣建立據點，上接智光，下通性地，聯成一道淨氣，爲自身所依之基柱。此氣清淨光明，迴超塵相，直從法界發生，無可比況，權以嚂𑖨𑖽字代表之。

吾人一向不覺者，亦爲無明所遮蔽，密宗既能以三密提起心中阿𑖀性，脫離八種識量，顯現智光，而三業發動之際，或仍爲識蘊所拘，未克在在與法界性相應，則須修嚂𑖨𑖽字觀以燒燬一切障礙。

修習此印明之方法，先結彌陀定印，觀嚂𑖨𑖽字貫徹全身，初觀赤色，自頂至尻燦然一股紅光，次遍及四肢，及至周身毛孔，漸漸充遍十方，復收斂於身，則成白色淨光，光焰透徹自身無復蓋障，是名法界生身，身、口、意三業無不清淨。

此境亦以印契表之，以真言滋之，自頂而下加持全身者，外相顯示頭冠瓔珞花鬘莊嚴，內相顯示轉變無明肉身爲法界生身。

10.轉法輪

二手反相叉，二空在右掌相著，當額右轉三度。

南莫三曼多嚩日囉喃　嚩日囉怛麼　句憾

靈活法界一一據點，各放智光，互相傳播，惟眾生界智光被掩，祇能傳播雜染氣流，對方殊無實益，既證法界生身，即智光大發，從此宜廣轉法輪，眾生蒙其法流，皆能興起真實自性。

此等智光原由五種智力合成，灌輸眾生，則現雄強氣象，無可比擬之中，權以吽字代表之。

修習此印明之方法，先結金剛定印，（二手外叉仰當臍二拇指端相拄）在法界生身心中，觀白色吽字，清潔有光，次將其光向身上一切支分作強力傳播，遍及十方，激發一切有情之心，令起佛性，次收斂廣大白光會歸自身，經此羯磨力故，行者即變爲金剛薩埵轉法輪身，其身潔白，遍流光明，首戴五佛冠，右手持五股杵當胸，左手持五股按胯。

此境亦以印契表之，以真言滋之，三轉加持，即身密之活用。

11.金剛甲冑

手印是虛合二食指附中指背，拇指抵中指中節，印五處。

南莫三多嚩日囉喃　嚩日囉迦嚩遮　吽

結印持誦已，觀所被服如金剛甲，遍體生焰光以嚴其身，頂上則有白色光聚，成明珠（如胄），諸魔及一切惡心眾生望之皆大驚怖，四散避。

12.法身觀

手結法界定印

先於自心圓明中觀想赤色囕字大淨光，焚燒受、想、行、識四蘊爲主的心垢，令之燒除殆盡。

次將囕字性灌輸全身，由一一毛孔放出光焰，焚燒以色蘊爲主的自身垢染，令之燒盡。心身兩垢皆盡當座即成法界生身。

復將囕字性由座下四散，遍放赤光，焚燒大地，一切垢相，成法界生身所依之法性上。

13. 地輪觀

小結外五股印，加持膝部。

南莫三曼多勃馱喃　阿

行者必須了知阿字本不生之義，然後觀想臍下部分至膝及足爲地大體性成爲黃色方形地大妙相。

14.水輪觀

手結八葉印加持臍部

南莫三曼多勃馱喃　鑁

觀行：行者應先了知鑁字之義爲語不可得後，再觀想臍輪部分爲水大體性，成白色球形水大妙相。

15.火輪觀

手結法界生印，加持心部。

南莫三曼多勃馱喃　囕

行者應先了知囕字義爲一切法非淨、非不淨，然後觀想胸間部分爲火大體性，爲赤色尖錐形火大妙相。

16.風輪觀

手結轉法輪印，加持眉部。

南莫三曼多勃馱喃　唅

行者應先了知唅字義爲業果不可得，再觀想眉心部分爲風大體性，成爲黑色鉢形風輪妙相。

17.空輪觀

手結大慧刀印（虛合、二食指屈中節，指甲相連共壓二拇指端）加持頂部。

南莫三曼多勃馱喃　欠

觀行：行者應先了知欠字義虛空不可得，再觀想頂上部分爲空大體性，鍾成藍色寶形空大妙相。

18.百光王

手結金剛合掌安於頂上，微搖三度。

南莫三曼多勃馱喃　闇

觀想頂上闇字變爲百光遍照王（依空輪妙相化爲百種淨光），成頂上圓光勝相。

19.滿足句

手結金剛合掌，加持五處。

阿尾囉吽欠

觀自身轉成胎藏界大日如來，以羯磨力與十方諸尊互相攝受。

20.器界觀

手結羯磨印（外縛、開掌向身掌臍、二拇指二小指各相拄）

唵嚩日囉羯摩　釰

觀想所依法性上最下層有字，成空輪藍色圓形（如倒置梨）；其上有字，成風輪、黑色鉢形（如覆鉢）其上有字，成火輪、赤色尖錐形，尖

向下，其上有水輪、白色球形，最上有地輪、黃色方形，此爲地下五輪妙相，適成自身五輪倒景，此倒景原與八方佛土聯成一氣，地面平正，廣大無邊。

次觀此無邊大地之上湧出香水，成汪洋無涯之乳海，隨行者羯磨力，引起無數諸尊種性，一一出現於海上，顯示無數大白蓮花，向己身蓮座重重圍遶（己身蓮座，亦以無數大白蓮花之一爲基）。

21. 五輪印明

見上，惟次第相反（先空輪次風輪次火輪次水輪次地輪）所配觀法，一一觀倒景相。

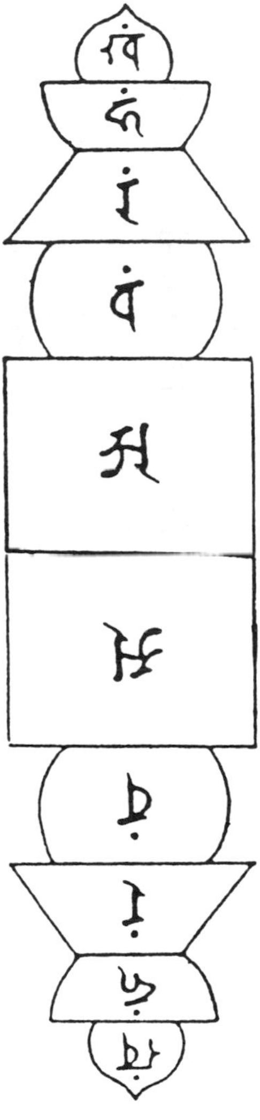

世界依正圖（出自《五輪九字明祕釋》）

22. 大海印明

兩手內縛、仰掌、二空頭相拄，餘八指叉立掌上，以印當臍，徐徐右旋三匝。

唵 尾麼路娜地 吽

23. 觀八功德水如淨酪，迴旋於花際。

24. 華藏印明八葉印

南莫三曼多勃馱喃 噁

觀無量大白蓮華郁馥大海之中，華藏上若能顯出無量，如來勝相，與行者六大瑜伽身相應，當座「即身成佛」矣。

以上一般最常見「五字嚴身觀」的儀軌，以下則是筆者所造之「五輪塔觀」修證攝頌，供讀者參考，若欲詳加了解，請參閱《五輪塔觀》。

五輪塔觀的修證攝頌

南無大智海毘盧遮那佛
南無五輪觀法門
南無胎藏界賢聖眾

一、皈命禮敬三寶

皈命法界生如來　五智法身生海印　法界增身周法界　大悲胎藏生平等
大曼荼羅王自時　法界自身表化雲　本地法身大日佛　法界支分如來身

稽首平等法界藏　法界體性三摩地　一切如來一體力　悲生大曼荼羅王
本位加持還自身　相即相入六瑜伽　五字嚴身觀五輪　即身全佛本自身
南無大悲生行者　本位普賢金剛行　色心實相自身佛　輪圓一切五智眾
加持自身持金剛　光明遍照自大日　妙慧悲圓阿闍黎　如本性解演法僧

二、五輪塔觀的對法界

本因胎藏普賢界　一切如佛全眾生　無始無明覺本初　法爾本心自無初
四大互造遍一身　如來法身遍法界　大悲胎生五輪藏　如法本因恆不離
不可得住本普賢　一切眾生即普賢　如是法界當圓聞　覺本不生出言道
諸過得解離因緣　知空等空示大空　金剛遊戲本三昧　降伏四魔滿智句
無可得中自成佛　自身成佛自實相　自大輪圓曼荼王　自悲自智自本尊
六度四攝幻萬行　自金剛王持金剛　息增懷誅敬愛業　六大瑜伽自圓佛
五大五輪五智滿　十界現成眾心色　四曼現成圓九重　身語意德佛事業

如實灌頂全眾生　如是法眾如全佛　究竟惟一受法眾　佛佛相注即入圓
三密等持入我入　本尊瑜伽本本尊　大日如來大遊戲　説法我者聞法眾
現成大遍照金剛　毘盧遮那自加持　奮迅現身無盡藏　身語意等盡莊嚴
非大日身語意生　一切起滅不可得　大日身語意業現　處時現成説真言
示圓普賢蓮華手　執金剛者遍十方　初心即滿正覺句　眾生體空故如實
菩提心因悲根本　方便究竟成菩提　如實現知知自心　少法無得本無相
虛空菩提無知解　亦無開曉自無相　自心求心自菩提　一切智智無可得
本性清淨大幻戲　本無可得眾聞法　本然解脫金剛道　如實聞法全佛眾

三、善發無上菩提心

體性菩提心爲因　大悲根本顯實相　方便究竟戲圓滿　心非欲界圓同性
非色無色界性同　渠非一切亦無在　性同虛空等同心　性同於心同菩提
心虛空菩提無二　悲爲根本滿方便　如來法身遍法界　法界周遍如來身

六大瑜伽本三密　四曼不離自圓輪　能示莊嚴自在王　祕密王戲五智佛
發心修行菩提門　涅槃法界體性中　四身如來等法身　自性受用化等流
五字嚴身大菩提　無生阿輪大瑜伽　悲水妙生智慧火　自在力大風輪禪
大空圓滿三摩地　自身實相圓成佛　法界體性等五輪　法界實相圓全佛
現前五大五智身　能了祕密心作用　如實現前菩提心　如實現行菩提心
如實現證菩提心　如實現入菩提心　如實本然菩提心　法爾現觀菩提心
無有非佛菩提心　善哉佛子佛事佛　無有一念離究竟　究竟密意念無得
五智現成大受用　大悲胎生曼荼羅　法界本佛現全佛　如水加水無增減
究竟自心發菩提　即心具成眾萬行　見心本然正等覺　證心如入大涅槃
涅槃實相無可得　發心方便大圓滿　法界體性自在力　無依自在全成佛

四、五輪塔觀的正見

一切眾生等究竟　如實毘盧遮那佛　吾身自遍法界身　諸佛亦遍法界身

本尊瑜伽本相應　法力所持無異身　六大無礙瑜伽常　四曼不離即現成
三密相應從本如　重重帝網自即身　海印相映五輪重　內外五輪法界身
六根六塵本雙運　無初如來本初身　十八界佛三密用　五智四身具十界
極平等密法界生　大悲胎藏曼荼王　虛空無垢無自性　法界自身現化雲
方便究竟菩提王　自性常空自本然　緣起甚深難思議　長恆時劫本精進
隨念現施無上果　圓示一切瑜伽行　平等法界自圓頓　正見全佛大日身

五、五輪塔觀的方法

(一)淨法界三摩地

因非作者果不生　因因自空何有果　真言密果離因業　無相三昧身證處
悉從心生法界王　自證正覺不思議　本尊瑜伽本法界　大悲胎生全金剛
法身如來大空現　自心圓明如自身　心月輪淨赤嚂𑖨𑖽字
放大淨啖焚心垢　四蘊淨性自法性　頂嚴嚂𑖨𑖽字密焰光明

三角智火日初出　空點髻珠悲慧生　如來智火法界火　自頂注身遍至足
十字頂輪光焰滿　極無自性法界智　一切身分焚清淨　毛孔流火色蘊明
三毒深垢一切障　大小便利處淨觀　現觀自身等法界　遍照自身內外明
身心垢盡法界生　自座下遍焚赤光　大地眾垢法界垢　淨盡法界自身生

(二)金剛地輪觀阿

阿𑖀字金剛自體性　無上菩提心自心
諸法究竟本不生　自身圓壇置自體　六大體德常自在　瑜伽圓足法界王
一心安住自等引　臍下大金剛地際　大金剛輪菩提座　加持自身成自身
最勝阿字因陀羅　內外金剛等輪圓　菩提自座瑜伽座　引攝阿字第一命
能攝諸果離因業　不動堅固毀無智　善隨自意大成就　圓滿增益佛事業
行者一切常三昧　曼荼羅王大悲生　形方色黃圓地輪　阿字遍金遍照王
阿本不生大地生　能生萬物大堅固　大菩提心法界實　六度萬行萬果德
大日行者全佛行　阿本心地本菩提　菩提心植覺心種　永離眾障證大覺

大覺無生無可得　是本阿字如幻行　自行即示菩提行　金剛菩提大地輪

㈢大悲水輪觀

無礙三昧自解脫　鑁水能淨煩惱垢
心身精進本無間　菩提萬行無散亂　性德圓海水不散　自性遠離眾言說
自臍圓輪如霧聚　秋夕素月鑁字光
輪圓純白九重月　一切熱惱自淨銷　鑁字雪乳商佉色　淨乳猶如珠鬘聚
水精月光遍流注　一切充滿自淨涼　等引成就自圓壇　乳酪生酥水精鬘
無量壽者大持明　除患總持成多聞　善慧普淨成無垢　速證圓滿悉地果
寂災吉祥曼荼羅　本然離言無可得

㈣智火光輪觀

囕字究竟勝真實　清淨六根燒業薪
六根淨障證菩提　瑜伽善修等圓證　所住三角持本心　悅意遍形赤色光
囕字形赤初日暉　智火光明自法界

寂然周焰鬘明空　智者瑜伽成眾事　攝怨消伏眾雙邊　智火輪王具圓滿

㈤風自在力輪觀

訶𑖮字第一真實性　風輪出生掃塵勞
因業果報種子長　摧壞一切證涅槃　智者善觀白毫位　眉間深青半月輪
吹動幢幡自在力　最勝訶字深玄色　廣大威力現暴怒　焰轉大力等自在
安樂吉祥大降伏　住此廣大曼荼羅　成就眾事作義利　應現眾生滿眾願
不捨此身神通境　遊步大空身秘密　六根清淨開深秘　圓滿一切佛事業

㈥大空輪觀

佉𑖏字究竟大空義　周遍法界第無礙
降伏一切魔軍眾　初坐菩提道場中　空大不障萬物長　凡聖依止淨穢同
諸因體性不可得　因因無性無果果　如是眾業實不生　三無自性得空智
相成一切色頂嚴　尊勝虛空空大空　諸法平等悉成就　圓輪自身自圓輪

㈦五輪五自嚴身觀

五輪現觀攝六大　平等現圓法界身　五大自身即圓壇　五字嚴身遍法界
吾遍法界身自體　法爾實相不可得　諸佛亦遍法界身　無初無相示本初
吾身遍入諸佛身　歸命諸佛即圓滿　諸佛身入吾身中　諸佛攝護密入密
身界本等法界身　現成六大自瑜伽　身語意入佛語密　自以語業讚諸佛
諸佛語密入吾身　諸佛教授真加持　十界語言法界語　現成金剛密實相
我自意業實相體　入佛意密體實相　現知佛心吾自心　以佛意密實相體
入吾意業體實相　諸佛觀照開示我　已成如來離因業　正覺圓滿三平等
平等三密遍法界　現成五輪自瑜伽　六大常恆體性圓　五智四身十界具
諸佛平等三密相　眾生本具曼荼羅　實相體中自身本　五字嚴身成法界
阿鑁嚂訶佉體中　方圓角鉢大空形　一念安住本實相　相續無間本圓輪
究竟實相大事業　無盡緣起盡時空

㈧外五輪觀

我爲本初自如來　平等現成一切佛　無爲金剛淨五蘊　六大瑜伽常圓滿
三密大悲胎生鬘　廣大金剛圓五智　現成空界即自體　本初大日普賢尊
淨界法界大空界　下方佉字遍十方　虛空不可得大空　自在周遍全法界
含容一切法界色　色色無礙自大空　空輪寶形佉字倒　如水月映法界入
相即相圓體中禪　海印三昧自圓生　空上倒鉢成風輪　深青黑色聚大風
威怒大力持十方　大風輪中倒訶字　因業法爾無可得　自在廣大力瑜伽
風輪上倒三角焰　智火圓生猛銳火　染淨不可得囕字　赤色光中初日暉
廣大火輪體性淨　圓滿般若波羅蜜　火上水月輪九重　光輪潔淨霧聚中
清涼能降一切水　圓淨法界遍體柔　水精月倒鑁字乳　自性流注離言說
水月輪上金剛地　方黃顯倒金色阿　性堅難壞本無動　力持剎塵一切國
如實相映內外輪　如體性中本海印　嚴淨佛國事如來　本來遊戲大日佛
本初佛界本初佛　圓顯法界海金剛

㈨迴向

五字嚴身六大觀　本初大日體三昧　光明遍照法界王　甚深迴向大圓滿
迴向毘盧遮那佛　佛力廣大自加持　法界有情現全佛　一切毘盧遮那佛
甚深迴向全法界　内外自身圓金剛　六大瑜伽本常住　三密圓滿無錯謬
四曼即顯大日尊　金剛行滿本初體　迴向諸佛法界眾　平等全佛賜吉祥
法爾眾生皆成佛　法界即成本初界　佛子勝修五輪圓　皆成法界大金剛
以法界力諸佛力　自善根力修迴向　修證功德悉圓滿　國土清淨無災障
人民心安住菩提　六大災障人禍離　世出世財吉祥聚　勝喜空樂自無懼
堅住法界實相力　圓具大慈大悲力　廣大無比智慧力　福智圓滿皆隨喜
願此勝法傳無盡　全佛心明無盡燈　有情眾生咸成佛　圓滿大日如來尊
海印三昧自然顯　一心祈請願無盡

無上瑜伽部心要

「無上瑜伽部」，建立「麻哈瑜伽」（生起次第）與「阿努瑜伽」（圓滿次第）兩大系統，融攝了生起次第、圓滿次第二者而成。

生起次第者，把瑜伽部建立佛身的觀念提出來，從瑜伽部只是與本尊相應、觀想對生本尊，更進一步即行者自身，本然就是佛身。

所以要以生起次第顯現外相的佛身，透過五方佛的灌頂，來成就生起佛身、生起本尊的次第。因此可以稱之爲「本尊瑜伽」，是屬於初灌的法門。

圓滿次第者，在上述的「生起次第（本尊瑜伽）」之外，還要建立內在的氣脈、明點，以圓滿報身。屬於二灌、三灌、四灌以及雙身法等。

以下分別介紹生起次第與圓滿次第：

生起次第

無上瑜伽部的生起次第，是將自身完全轉成佛身的本尊瑜伽的修法。其修法是以空性的三摩地爲基礎，加上「入我我入」的瑜伽前行而自起本尊的現觀。

生起次第所依的根本是觀想，而所觀的佛身是心、色不二及現空如幻的本尊身；透過生起次第的修證，能生出如幻即真的真實現象，亦即現觀起他人能見、能觸摸的本尊身。

生起次第依據瑜伽部中的五字嚴身觀與五相成身觀，建立了自身三業與本尊三密入我我入、交互映融的基礎，確立能自起本尊的心念。

現在更進一步透過五方如來的灌頂，確認此凡夫身現前爲佛身，並能使自起佛身，能夠明顯、堅固並具足佛慢，成證化身佛。

生起次第屬於初灌的法門，指我們在接受五方佛灌頂時，幻觀此身如何成爲本尊身，基本上屬於本尊瑜伽。

行者經過五方佛的灌頂，使自身具足五方佛的體性，把貪、瞋、癡、慢、疑轉成佛的五智，地、水、火、風、空轉成五方佛的體性；將九識轉成九智，也就是把第九意識轉成法界性智，第八意識轉成大圓鏡智，第七意識轉成平等性智，第六意識轉成妙觀察智，前五識轉成成所作智。

五方佛，各在東、西、南、北、中，具有五大的意義。五方佛的中央是大日如來，西方阿彌陀如來、東方阿閦佛，南方寶生如來，北方是不空成就如來，這五方佛代表五大，也代表五智，最主要的意義則是將凡夫的五毒轉成如來五智。

本尊觀是生起次第的主要內容，茲簡介如下：

本尊觀在《菩提道次第廣論》中稱爲天瑜伽，實際上應稱爲本尊瑜伽較恰當，在此種觀法中又可分爲四種：⑴對生本尊⑵頂生本尊⑶肩生本尊⑷自生本尊。如以事部、行部、瑜伽部、無上瑜伽部而言，對這四種觀法也有不同看法。

有的認爲事部瑜伽是不作意觀想本尊，而是自然現起，或有說仍須作意觀想。

行部所觀想的基本上以對生本尊爲主，即是觀想本尊在虛空中出現。而其是否需把自身也觀爲本尊呢？這是很值得討論的，有些說法是加以贊同的。

瑜伽部則需要觀對生、自生本尊，因爲要修習「入我我入」的觀法。在行部、瑜伽部中，都須將本尊奉還本位，而在無上瑜伽部中，基本上以自生本尊爲主，有時也對對生本尊。自生本尊是絕對不遣送的，在生起次第中隨時隨地觀想自身爲本尊，無一刻相遠離。若是觀對生本尊的話，則或奉回，或不奉回。

本尊觀主要以對生、自生爲主，而在修法中卻又衍生出頂生、肩生兩種。

對生：

將萬法觀成空性後，即於此空性中行者自身對面一肘高處，觀想一成就果位的智慧本尊，以爲供養、讚頌的對象。及加持的根本，這是虛空本位之本尊。

頂生：

是於修特殊法，如修百字明或頗瓦法，或觀想法時，於自頂上一箭高處，觀一肘高之本尊，與行者同一方向。亦可觀上師直接於頂上安坐，以領加持。

如頗瓦法，即是觀上師直接坐於行者頂輪，可將行者神識直接勾去。如觀世音菩薩頂上即有阿彌陀佛，很多菩薩頂上也都有佛的尊像，即是此意。

肩生：

肩生本尊的觀法是於行走時，觀想本尊立於右肩，以示隨時隨地不忘記。

自生：

自生本尊的觀法是觀想自身成爲本尊身。修習生起次第，以自生本尊爲主。下三部瑜伽中皆有遣送本尊，而無上瑜伽部對自生本尊不奉回，而是隨時隨地現觀現起的。

以上四種觀法中，行者必須了解此皆是由空性出生，是空性所生的如幻三摩地和本尊瑜伽觀的結合。

遣送跟不遣送本尊在意義上有什麼差別呢？如果將本尊奉回本位的話，還是有「本位本尊加持於我」的想法，所以修完法之後，要奉回本位，行者不敢以佛、本尊自居，這是事部、行部、瑜伽部的修法。

而無上瑜伽部，認爲一切眾生皆是佛，要佛慢堅固，所以行者受領加持灌頂之後就是本尊了，隨時隨地現觀己身是本尊的三昧耶身，將身體每一部位觀想得清清楚楚，身相自然就改變得如本尊一般。

無上瑜伽部要求行者「佛慢堅固」，而事部、行部、瑜伽部則說修成佛身需十六世，無法在此世即身成佛，還要轉換好幾個階段，才得以成佛。

現觀眾生全佛的佛慢

「佛慢」是密教特有的名詞，即隨時隨地自觀爲佛，不能生起自己是眾生的下劣想。

佛陀是自覺覺他圓滿者，而佛慢的重點是在「眾生皆具如來體性」，現觀眾生現前是佛，所以佛慢並非是高低、不平等的看法，而是視眾生全佛的平等觀。以此根本見地，自觀自心爲佛，現起智慧薩埵成報身佛；於生起次第中觀想自生本尊，父母所生之三昧耶身是佛身。行者要隨時隨地保持這個見地，不能退卻，稱爲「佛慢堅固」。

如果誤解「佛慢」爲自認是佛，高他人一等，而其他人是眾生，這是差別心，和佛無關，這是「我慢」、「我執」。佛是空性、法性，所以「佛慢」是對法性、空性的禮讚，對平等性的禮讚，對佛五智的禮讚。

如何才是真正具足五方佛佛慢呢？

在東方爲不動佛灌頂，不動佛所要對治的是我們的第八識。在五大裡，他主要是轉換水大，將水大的業劫氣轉成水大的智慧氣。東方不動佛的瓶灌頂當中，將八識轉爲不動佛的大圓鏡智，使眾生的瞋性得到降伏。如果成就心如圓鏡平等，映照一切，且不退卻此平等映照之力，就是成就了不動佛佛慢。

在南方是寶生如來，屬寶冠灌頂，在修道方面是對治第七識的染污識，能夠將之轉化而成平等性智，轉地大的業劫氣爲地大的智慧氣，同時降伏眾生的慢性。如果具足佛的平等性智，怎麼會有我高人劣的差別見地呢?不從平等見地中退卻，才是成就寶生如來佛慢。

在西方是阿彌陀佛，一般以蓮花代表之，而在此的表徵是杵，代表是金剛杵灌頂，是把我們的第六識轉爲妙觀察智，把火大的業劫氣轉爲智慧氣，調伏眾生的貪性。如果成就一切眾生語平等力，具足微妙觀察智慧，就是成就阿彌陀佛佛慢。

北方是不空成就佛，此灌又稱爲鈴灌頂，是轉前五識爲成所作智，轉風大的業劫氣爲風大的智慧氣，能夠調伏一切眾生的愚性、迷性。如果能成就一切現前事業，不從現前佛事業退卻，完全實證，就是成就不空成就如來佛慢。

中央是毘盧遮那佛，稱爲名灌頂，是轉我們的第九意識爲法界體性智，轉空大的業劫氣爲空大的智慧氣，降伏眾生的癡性爲法界體性，一切現前圓滿，行者不從其中退卻，這是成就大日如來毘盧遮那佛之佛慢。

如此具足五方佛佛慢，五智堅固，才真正具足佛慢。

圓滿次第

圓滿次第是以生起次第的本尊瑜伽爲基礎，調整行者染污的氣、脈、明點，並藉由九節佛風、寶瓶氣、金剛誦等氣功的調鍊，而能自在的運用自身的五氣，最後轉業劫氣成智慧氣。

接著更使智慧氣行動的管道——三脈七輪通柔；三脈是指左、右、中三脈，七輪的三脈中的七個脈輪（頂輪、眉心輪、喉輪、心輪、臍輪、海底輪、密輪），修持三脈七輪，由下而上逐輪通達的智慧脈，最後成證法身佛與報身佛。

但三脈是屬於空性的無爲脈，如果沒有開悟，見到法身，則只是假修，去除前行的障礙而已。

除了氣、脈之外，圓滿次第尚要修習明點，一般將明點分爲四類：一、物質明點，二、風明點，三、咒明點，四，智慧明點；物質明點是我們的內分泌與精血，風明點是氣，咒明點是真言及種子字，而智慧明點則是無上瑜伽部所特有的。

圓滿次第透過氣、脈、明點的修持，最後證得大樂智慧身，圓證報身佛。

氣在我們身上所顯現者就是呼吸，脈是呼吸所經過的氣道，我們體內一切分泌物所流經的管道也屬於脈。

氣可分爲命氣、下行氣、上行氣、平住氣、遍行氣；命氣住在心輪，是保持生命的基本力量，一般都認爲如果動到命氣，就有生命危險，上行氣就是往上行的氣，如打嗝、說話，下行氣就是往下排的氣，如放屁、排泄等等，平住氣是左右移動的，遍行氣是指能使身體活動的氣。

在脈方面，基本上是講三脈七輪，三脈是指身體左、右、中三脈，七脈則是指頂輪、眉心輪、喉輪、心輪、臍輪、海底輪、密輪。這七個脈輪皆有其支分機構，擴展到全身就有七萬二千細脈。

婆羅門教所說的中脈和佛法所說的中脈不同，婆羅門教的中脈是說身體中節有一個中空地帶，如同馬尾巴線一般，佛法所說的中脈是一種無爲脈，由空性所出生的。但是，在密典上有些也和婆羅門教所記載的相同，這必須要再抉擇。

明點是指身體裡的精華，所有的內分泌都是明點，如唾液等，舍利也是明點所生。明點是增長生命的精華，一般人所說的「斷漏失氣、明點」，是指我們的脈變僵硬了。

現在，可透過拙火、各種氣功的修持法，寶瓶氣的修持，讓我們的濁氣轉成智慧氣，修持成就後，就成爲智慧薩埵，所謂的報身佛，也就是讓凡夫的業劫氣轉爲智慧氣，進入智慧脈，生成智慧明點，現起智慧本尊；圓滿次

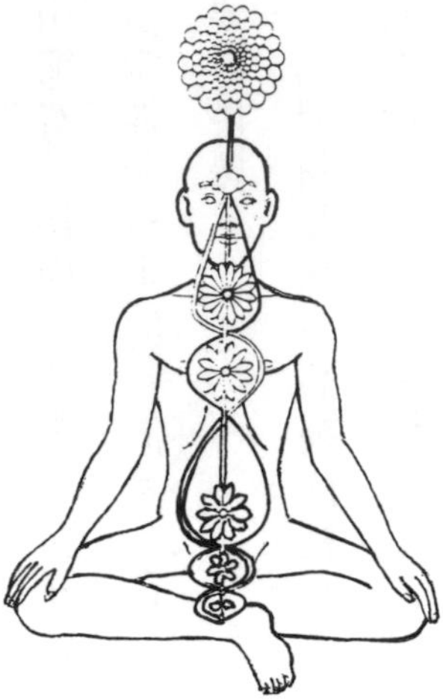

婆羅門教的中脈

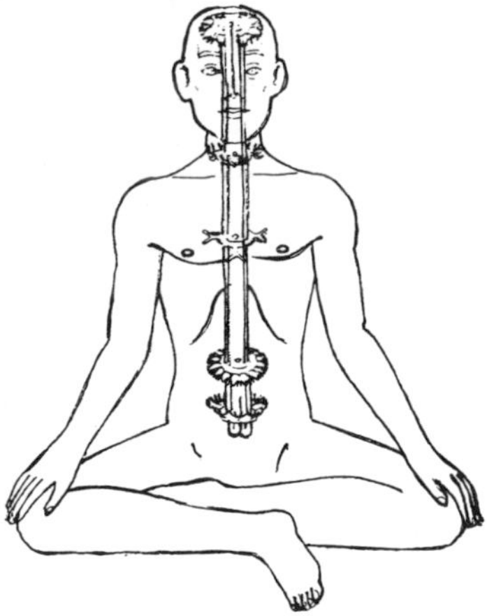

佛教的中脈

第的修法主要是扣緊這個內容。

生起次第與圓滿次第的關係

生起次第與圓滿次第兩者的內容不同，前者是現觀自身爲佛身，是使五大體性與本尊智慧體性轉換的方便；而圓滿次第則是直接以觀想或透過氣功及各種修持法來改變內在的氣、脈、明點。所以我們可以說生起次第是化身成就，而圓滿次第則是報身的成就。但密教所說的化身、報身，其定義和顯教並不相同。

就藏密而言，生起次第只是觀自身爲佛身，圓滿次第則是利用氣功道的修持來達到改變氣、脈、明點的目的。使整個生命的精華進入中脈、開發中脈，開發身體各輪，使一切細脈都完全開發，將業劫氣轉成智慧氣。這些在生起次第中都沒有提到，因爲生起次第只是外灌頂而已。

在藏密中，一般認爲要修圓滿次第必須到達二灌與三灌，修生起次第則只到達初灌的程度。二灌是祕密灌頂，三灌是智慧灌頂。祕密灌頂和智慧灌頂與男女的雙運有關，讓我們成就大樂智慧身，使心中的智慧薩埵成爲報身佛。

圓滿次第的殊勝與險處

圓滿次第基本上是直接面對人類，也就是直接以五毒來修鍊。

這種修法的觀點認爲：如果我們在修行的過程裡，不直接面對煩惱，只是一味規避，口口聲聲說自己已經超越了，而實際上境界來時，難題卻還是照樣無法解決。真正的超越，是身在境界中而又能超越，這才是究竟成就，基於這種立場，才會產生圓滿次第的修法。在此，它要把我們本性中最深沉的貪欲煩惱勾除使自身超越、成就。

密教認爲必須透過雙運道，即貪而離貪，才能圓滿，因爲貪欲是人類生命中最深沉的執著、障礙。只有把這最深沉的煩惱勾出來，在這過程之間，能夠不動，並且超越淫欲，才能徹底解決生命問題。

真正要超越這貪愛之毒，必須要面對它，而不是遮斷它；雙運的修法本身有很嚴格的戒律與條件，絕非爲了欲念的喜樂而修習，這是必須體悟的。在行貪時，沒有貪念現起，如此才能產生究竟大樂光明。

傳統的佛法則多以教人離欲的法門來行持；所以圓滿次第的修法殊勝之處和危險之處，並不易被了解，所以被批判得很激烈，目前這個問題已經被釐清不少。以往，在中國的古典文學上，我們常會發現描寫邪派修行人，多是以頂戴骷髏頭、手執人皮鼓，以貪欲行道的番僧來代表，由此可看出中國對其排斥的程度。

其實，這是一種文化認知的差距，對符號所象徵的意義不了解所產生的誤會。好比說，在西藏行者常戴著骷髏頭串成的項鍊，這有兩種含義，一是表示不畏生死，一是代表法身；還有身塗大灰（死人骨灰），也表示不懼怕死亡，脛骨、人皮鼓也是修法用的法器，而在中國卻被鋪陳得很怪異，整個意義都被扭曲了。

無論如何，這是對傳統佛教的大挑戰，直到密教廣爲流佈的今天，大家雖然較能了解，但卻不一定能全部被接受。

許多藏密行人認爲要修證虹光身，一定要經過無上瑜伽的修鍊才能達到，如黃教的宗喀巴大師就認爲成佛一定要經由修習生起次第和圓滿次第，只修得其中一種也不行；而且生起次第不鞏固時，也不能修圓滿次第，只修生起次第而不修圓滿次第也無法成就。要修得法、報、化三身的話，一定要修生起次第、圓滿次第及第四灌頂都要修齊。

事實上貪道方便並不是唯一證得虹光身的修法；如果以爲修貪道方便是唯一成證虹光身的修法，恐怕有待商榷。而且對治五毒的方法很多，不見得一定得修習貪道方便才能成就。

以整個生命的流轉而言，以欲界來看，欲望是使眾生流轉的主軸，但是並非每個世界都如此。

而且推動整個生命流轉的主因是「愛」，而非「欲」，「欲」只是「愛」的特殊顯現而已，「欲」是從「愛」的積聚中所展現出來的一個較粗重的現象而已，所以不見得要透過在欲望來修持才能解脫。

另外，五毒包含了貪、瞋、癡、慢、疑，所以並不一定要從「貪」來切入，如禪宗的「參話頭」即是以「疑」爲悟道方便。而禪宗古來大德們的境界，也可以顯現虹光身，只是在中國文化背景裡，是不是有這樣顯現的必要，這是值得我們省思的。

在密教的說法裡，許多人判定禪宗的成就者只修成了其所謂的法身佛，可是在永嘉玄覺的《證道歌》裡曾說到「三身四智體中圓」，可見其不是只成就法身而已，緣起上需要的話，是報、化二身都可以成就，只是在當時文化背景裡並不強調這些將肉身轉化的方法。

然而成就虹光身是否表示一定是成佛了呢？

成佛的定義

就成佛的定義而言，我們回歸到釋迦牟尼佛所說的意義來看。

是不是具足一切智無所畏，能在大眾中作獅子吼，暢言：「我是具足一切智慧之人！」而心中沒有心虛、畏懼？

是不是具足漏盡無所畏，能在大眾中作獅子吼，暢言：「我已斷盡一切煩惱！」而心中沒有恐怖、畏懼？

是不是具足說障道無所畏，能在大眾中作獅子吼，破斥障害佛道之法而心無畏懼？

是不是具足說盡苦道無所畏，能在大眾中作獅子吼，說遍一切苦道而無恐怖心？

是不是能做到身、口、意三業皆無過失？……如此，反省自身是否具足佛的四無畏、十八不共法？這才是佛的真義。

如果不回歸到釋迦牟尼佛所定義的佛來看，甚至有總藏密所成就的是另一種特殊的佛，只能化度三千人，這是不合理的。以貪道方便來修持，是諸多教法中的一種，密教的判教也只是諸多判教方法中的一種，並不包含全部的佛法。

成證虹光身是要諸多因緣配合的，如果必要的話，禪宗和大圓滿一樣可以成證虹光身，但成佛卻不只是這一種方法，否則龍女八歲成佛又如何解釋呢？

貪道方便有其存在價值，因爲某些眾生確實需要，並能以此方便成就，我們不該在尚未完整了解其內涵時，便以道德的尺度將其冠上「左道密乘」的惡名；但也不該偏狹地以爲這是成佛唯一的道路。

每一修道方便的產生，都代表某一類眾生的需求，也正回應了菩薩四弘誓願中的「眾生無邊誓願度」、「法門無量誓願學」。

在《密宗道次第廣論》中宗喀巴曾說，如果不修空性而修天瑜伽，那麼和外道有何差別呢？另一方面，書中也提到般若乘只修空性，而不修天瑜伽，則無法快速成佛。唯有集合這兩種修法，才是最快速的成佛之道。

這樣的論點恐怕有兩種誤解：首先，大乘不能以般若乘來概括之，般若只是大乘的一種特質，而非全部的內容，空性的修持只是大乘其中的一種。

真正的大乘是以大悲心爲主軸，加上空性的修持，反而是以修空性爲主的聲聞乘更符合般若乘之實。其次，成佛是要具足福德，福德具足之後，三十二相、八十種好隨緣現起。

如果以塑像來比喻的話，福德好比是材料，本尊觀好比是模子，假若材料不是黃金，不是真材實料，那麼無論模子造得怎麼好，所造出來的金身也是假的。而佛身的三十二相、八十種好，主要是以大悲心與其內容來成就，而本尊觀不失爲一種快速方便，可是大家不要捨本逐末才好。

生、圓次第與成佛的關係

生起次第、圓滿次第的氣、脈、明點和成佛有何關係呢？它們的關係是很密切的，以下我們來分別討論之。

氣是一種遍行的力量，如果它不安住在智慧的體性裡，那麼就容易成爲雜染、不清淨的氣。同樣的，如果有雜染的氣存在，就表示心不清淨，智慧不具足。

氣不足是智慧的問題，而氣的力用則是來自大悲。就一個阿羅漢而言，他的智慧已經具足，使業劫氣停住，但是它的智慧氣卻無法轉動法界，因爲力用不足，也就是悲心不足，大悲力不足。

就脈而言，法界的脈是至柔的、通達的，如果脈有阻塞、不通達，表示行者在智慧上有阻礙、不通達。脈如果不通達，氣在其中便無法自在地運行，無法轉動法界，也就無法產生力用，而力不足則表示大悲心不足。就明點而言，明點不清淨，表示智慧不清淨，明點力量不足，無法通達法界一切處，這表示悲心不足。

由此可見，氣、脈、明點的修鍊，也就是悲智的調鍊。而各種修道方便有不同的調鍊方法。

若氣不通達，可經由一些方法來調鍊，一是以禪宗、大手印、大圓滿的方法，行者直接安住體性，將業劫氣轉化成智慧氣。另一是以生起次第或是其他觀空的方便，利用空觀的次第，將業劫氣次第轉化成智慧氣。

就圓滿次第而言，當其發生氣不純的現象，直接從氣的本身也就是從緣起上入手。

在生起次第中，理上已經有次第的觀照，但是在事上，卻還不到轉化的程度，所以在圓滿次第裡便直接從緣起方便中把它直接轉掉了。

在生起次第及般若空觀的修法中，是從因上著手，掌握了這個因，再從事相也就是病症上來醫治，使病症快速痊癒，讓業劫氣整個停住，智慧氣完全生起，讓阻塞、僵硬的脈轉化，使其柔軟，將有業力、會漏的明點直接轉成智慧光明的明點。

這種修法也是從佛陀的三十二相、八十種好而來。《金剛經》裡說：「若以色見我，以音聲求我，是人行邪道，不能見如來。」但是在緣起上，若不以三十二相見如來，則是流於斷滅。所以，生起次第掌握了因地本質，圓滿次第則從因緣事相上著手調鍊，雙管齊下，迅速成就。

那麼，是不是表示一個人的脈通達了，就一定具足智慧與大悲？就圓滿次第而言是的，因爲它所講的是「無爲脈」，也就是佛脈，不是世間脈。

圓滿次第所通達的脈是從空性出發，在見地上與世俗完全不同，如果只是像一般世間修脈，如道家打通任督二脈，印度教的中脈通達，這樣修到最後，充其量也只能達到無色界身而已，跟智慧是無關的。

圓滿次第修習的根本是在如幻三昧，不只是單純地修鍊身體，否則就和外道相同，無所差異了。

就圓滿次第而言，真正修氣、脈、明點，開發中脈，必須在悟道之後，悟道之前都屬於假修，只是將在緣起上的障礙完全去除，讓行者在成就之後，不必再花太多時間來清除。

生起次第和圓滿次第的修法，如果能在法性和緣起上同時下手，則更爲快速。如果行者只停留在生起次第的假觀中脈上，以爲自己成佛了，是無有是處的。

四灌心要

灌頂的祕義

灌頂，在佛法中取其緣起上的意義，我們這個世界，這一期的佛法是從釋迦牟尼在印度出生、成道開始。

佛法在法性中是平等平等的，但是在緣起上卻有種種現象差別。佛法既然是在印度出生，自然會摻入許多印度文化的因緣，只有如理思惟印度文化在佛法中的意義，才能真正了解佛法的義理，如此才不會被這期從印度傳出的佛法其中的教法有所迷惑，也就是如同《大智度論》中所提到，善於了別世間悉壇、各各為人悉壇、對治悉壇、第一義悉壇，這樣才能讓我們在安然行於佛法的道路。

灌頂的由來是源於印度文化中，王子要承襲王位時所舉行的儀式。當輪王太子要承襲正位時，國王便用四大海的海水爲其灌頂，表示經過灌頂之後，太子將繼承輪王之位，統領四大海，自此已經具足了輪王的體德，因緣到時就可以繼承輪王之位。

佛法取此義，爲接近佛地的大菩薩灌頂，正式成爲法王子，而後法王子將紹承法王位。

所以，灌頂的基本義是指十地菩薩，或是十地菩薩中的妙覺菩薩準備受法王位時，接受灌頂，準備成佛。後來，又把法王子位分爲九地，從八地無功用行之後，他已經生於佛法之中，準備接受法王之位，接下來，他可以代表法王巡守十方，教化十方世界。

不管法王子是安住在第幾地，都是準備接及佛位的境界，所以在顯教中，這是接近成佛的位置，能代表法王教化十方。

密教把顯教教義更轉爲極端的象徵主義，它以如幻三昧爲根本，大量運用現前世間之相，轉入第一義諦，所以它更大力運用灌頂義。

在密教中，其以現前諸佛的佛果來加持，以果地如來現前加持，直接攝持我等眾生入於究竟果位；依如來果位觀察，一切眾生皆爲如來心子，皆是佛子，皆是佛種。依如來而言，沒有時間、空間的問題，所以一切眾生等同佛子，等同法王子，所以能直接給眾生灌頂，使其成具佛的諸德體性。

密教則是將原是由最初修持漸至佛位的灌頂義，直接由一位代表佛果的上師授予弟子灌頂，使其直入佛法海、墮入佛處。

在這裡，密教行人直接受果位灌頂，迅速成法王子，成爲毘盧遮那法王。在這種情況下，上師的意義非比尋常——在東密中，上師代表毘盧遮那佛、五方佛；在藏密中，白教則是指金剛持，在紅教即是普賢王如來；上師直接以佛陀果位，使弟子直入果位。

因此，如果上師沒有具足傳法資格受佛的加持，至少能在灌頂當下示現佛的三德體用，否則他所灌的頂也沒什麼意義。

灌頂的種類

東密的灌頂有其傳承上及修證上的意義。東密又分爲胎藏界和金剛界的灌頂方法，胎藏界分爲三部，金剛界分爲五部，這都是配合五方佛的修持而灌頂。

這種種灌頂是有階位之分的。在修行的灌頂裡，有結緣灌頂、學法灌頂、傳法灌頂。

結緣灌頂就是最外層的灌頂，結緣灌頂不授秘法，只是使世人與佛結緣。

學法灌頂，即表示行者開始學這個法，是阿闍梨對深信的弟子特建曼荼羅，並引入使其投花，授與其所得本尊之三密，並使弟子修行之作法。

傳法灌頂則是上師代表佛來傳法，這是屬於下三部的灌頂。

無上瑜伽部四灌心要

到了無上瑜伽部，整個灌頂又產生不同的意義。在無上瑜伽部中的灌頂可分爲初灌、二灌、三灌、四灌。這前三種灌頂建立在兩種次第或三種次第中。

如依兩種次第而言，是指生起次第和圓滿次第，三種次第則是生、圓二次第再加上大圓滿。四灌可以說是大圓滿，也可以不視爲大圓滿，這要視其論法上的差別而定。

初灌是指修習生起次第的法，使行者身心中所纏縛的業障直接轉成智慧，使自身九識直接轉成諸佛五智。

在此修生起次第的根本，是建立在如幻三摩地中，與本尊瑜伽相應，相續不斷地相應，和瑜伽部的暫時相應有所不同，瑜伽部是在修本尊觀時相應，不修時即遣送。

無上瑜伽部修自生本尊，隨時隨地安住在自生本尊中，這是無上瑜伽部灌頂和下三部灌頂最大的不同之處。

如果從外相上來看，就生起次第無上瑜伽部的初灌中，也是五方佛灌頂，跟金剛界的五方佛灌頂一樣，都是在將凡夫的九識轉成佛的五智，每一個灌頂都有其特殊作用、特殊因緣，五方佛灌頂圓滿後，讓行者直接受持五佛種智，直接生起苗芽，成任五方佛體性。

五方佛灌頂的作用如下表：

灌名	方位	佛名	意識轉化作用	轉化之五大	調伏之眾生
瓶灌頂	東	不動佛	第八識→大圓鏡智	水大	瞋性
寶冠灌頂	南	寶生如來	第七識→平等性智	地大	慢性

金剛杵灌頂	西	阿彌陀佛	第六識↓妙觀察智	火大	貪性
鈴灌頂	北	不空成就佛	第五識↓成所作智	風大	愚性
名灌頂	中	毘盧遮那佛	第九識↓法界體性智	空大	癡性

在灌頂之後，行者須隨時隨地現起生起次第的瑜伽觀，也就是隨時隨地現觀本尊，現觀本尊如幻，觀到堅固而明顯的境地。除此之外，行者必須建立佛慢。

什麼是佛慢呢?佛慢是指行者完全斷除一切下劣想。雖然眾生本具如來體性，卻不敢成佛，不敢承認自己是佛，這是最大的下劣想，必須斷除。

而真正斷除此下劣想就是了知一切平等平等，諸佛與眾生平等無二，這才是真實的佛慢，而非認爲只有自己是佛，其他人都是眾生，這樣想的話是「我慢」，不是「佛慢」。

佛慢的基礎具建立在如幻三摩地之上，現前本尊觀，本尊和如幻相應。

如果只有本尊瑜伽而沒有空三摩地的話，那麼這種本尊觀就和一般的大梵的觀法沒什麼不同，這就是他教。一定要以空性爲基礎才能修持本尊觀。本尊瑜伽是一種方便，而空三摩地則是一切的根本。

在修本尊觀時，僅配合空三摩地是不夠的，還要有如幻三摩地，及大悲心的推動，否則徒有本尊的外相，沒有本尊的心，沒有悲沒有智，這是徒然的。

具足空性之後，要達到佛智，本尊瑜伽現前時，一定要悲心相應而且悲心相續，如此觀五方佛，才能直接現起殊勝因緣。空三摩地和本尊瑜伽觀兩者結合起來，佛慢堅固，斷除一切下劣想，生起一切平等觀，如此就不會產生種種不了解佛慢體性的想法。

佛的體性是一切平等的，行者現觀眾生全佛，如此才是真實的佛慢，才是入佛種智，將佛種智直接種在心田，是真實受佛灌頂，爲佛弟子，準備紹承佛位，如此才是真實受灌。

不了解此等秘義者，就不能自稱是修無上瑜伽部，或稱爲受佛灌頂。受佛灌頂最重要的不在參加灌頂法會與否，而在於自心中是否真的轉識成智？如果沒有的話，就只能稱爲結緣灌頂。

初灌，是轉三昧耶身爲佛身，在藏密生起次第的無上瑜伽部裡，認爲初灌修的是化身佛。生起次第之後，接著是圓滿次第，此屬無上瑜伽部的二灌和三灌，二灌是祕密灌頂，三灌是事業灌頂，又稱智慧灌頂。

圓滿次第中的二灌和三灌所修的不再僅止於本尊的外相而已，而包含了本尊內身的五德。要把凡夫的氣、脈、明點轉成諸佛的氣、脈、明點，也就是轉化成智慧氣、智慧脈、智慧明點。

在二灌裡是以觀想的方法來轉化，到了三灌就要實修，直接以實修，將內心最深沉的貪欲拔除。圓滿次第的二灌和三灌，一般稱爲「貪道方便」，直接從欲界眾生最深沉的貪欲著手，從大貪的境界裡拔除貪種子，直接轉成菩提。

藏密中或有認爲：如果沒有修習生起次第、圓滿次第是不能成佛的。其實，這種修法是面對貪道眾生特殊的方便，有其殊勝之處。但是眾生根器不同，在貪、瞋、癡、慢、疑五毒之中，除了貪欲特重的眾生之外，有其他特質的眾生，自然會有各種不同的方便。

在此，貪道方便確有殊勝之處，卻不是唯一的道路。眾生的煩惱有多少，成佛的方便就有多少，千萬不要誤認爲成佛只此一途，甚而輕視、毀謗其他法門。在學佛的路上，客觀、尊重的心是不可缺少的。

二灌又稱祕密灌頂，是利用觀想來轉化自身的氣、脈、明點，將此報身轉爲化身。一般而言，有所謂的「六成就法」，是那洛巴祖師所傳的「拙火法、幻身成就法、夢修法、中陰成就法、遷識法、虛幻光明」等六種成就法。這六種成就法，我們一般最常聽說的是那洛六法，時輪金剛也是六法，大部分都是指這六法成就。

拙火法，就是修習忿怒母拙火瑜伽，從海底輪觀短阿字，使我們的業劫

氣、脈、明點整個在智慧火中轉換的修法。（請參閱《拙火瑜伽》）

幻身成就法，是使身體直接虛幻，柔化諸業所成的堅固障礙的修法。

晚上睡覺時要修夜瑜伽，就是夢瑜伽，這是從大癡體性中顯現光明。使整個身體轉成光明瑜伽，整個氣、脈、明點直接轉化成光明。（請參閱《睡夢禪法》）

中陰成就法、遷識法是在入滅時修持的法門。

以上是二灌和三灌的次第。

四灌，直接從法性光明出生。

初灌修的是化身，二灌、三灌是修報身，四灌則是修法身，法、報、化三身同時具足，就稱為法界體性身。

四灌要斷除我們對世間種種相的執著，直接跟法性相應，從法性中直接生起光明，所以一般而言會以大手印直接下手。

第六章

中脈

——無上瑜伽證悟的途徑

密法的修證是極爲深祕的，必需時時安住在清淨的覺性與菩提心，才是密法修證的根要。

在無上瑜伽的密法中，有氣、脈、明點的修持，因爲這樣的修證方式，牽涉到我們的身體與生理現象。因此，在談論氣脈的修持時，往往會與世間的生理現象，乃至其他宗教，如婆羅門教與道教的氣脈修持，或一般氣功的修法及現象，相互混雜而論。這並不符合密法的本來要旨。

因爲，密法是以法的覺悟爲中心修持，並非世間的身心，乃至奇幻的神通現象。因此，沒有正法作為依止，沒有智慧覺性為導引，不能了知無常現空的理趣；那麼就是身心有了奇妙的境界，終究是世間的成就，與佛法的解脫無關。

因此，密法以大空為根，一切無所執著，然後以大定、大智、大悲，來圓具法界體性妙智，廣度眾生。所以密法中的氣脈修證，也必然以智慧與大悲為中心，所開展出來的。所以，沒有無常現空的體悟，所修持的氣脈，還是世間的修證而已，縱然有了神奇的驗證，也只是世間的成就，無法解脫。

密法中脈的開發，也必須安住於此種見地。因為密法的中脈不是人類生理上的氣脈，而是斬斷無明，體悟無常、現證空性之後，所產生的智慧脈，而其中所流住的即是智慧氣了。因此，中脈不是世間的有為脈，而是出世間的無為脈，只有在開悟之後，才能真正起現，否則只是世間身體的氣脈而已，雖然能產生奇妙的身心現象，但與中脈無關。

當然，真正的中脈開發之後，不只能增長智慧，而且也能引發身心的微妙變化，但這是由智慧總攝身心所引發，雖然在某些現象上，與世間氣脈的開發類似，但是本質還是不同的。

中脈是智慧開啟後的無爲脈

我們的身體是由根本無始無明的我執，糾纏了時間空間的意識造作而成。而中脈和一般世間的脈不同，它就是「無爲法」，是無作意，是由空性所出生的實相中脈。

生命根本盲目的我執，擴展成了處諸時空的兩維，由非想非非想處結合著感受到無所有；而從識無邊到空無邊；這兩者事實上是時空的兩維，而時間與空間的作用是意識的執著，是無所有的執著，由於無所有的執著它才擴展出時空之相。

從根本的我執開始，所謂的無始無明，它在非想非非想處到識無邊到空無邊，這是屬於心意識的範疇，是無色相的，就整體而言是屬於我執與我執的運作。

在無色界的世界中只有一種心靈波動，並沒有任何的實質體，這是所謂的色界天。色界天根本是來自色界身，它是一種理性身，這種理性身又糾纏在欲界的感情中，而變成我們欲界的中陰，而欲界的中陰經過投胎轉世的結果，與物質體結合在一起而成爲我們這物質身。

所以我們這個肉身所有的脈都是來自我執，從出生到成長，整個生理上，有男女的分別，身體裡有種種身脈，有男脈有女脈，也有整個身體的循環、血脈種種，這些都是屬於凡夫的。

凡夫的脈如果產生障礙就會生病，所以我們可以從脈相上看出病相。這是屬於欲界的肉身。脈有脈相，這些脈如果通達的話，我們在生理上就健康了。由這生理上的脈慢慢修行，修到最後超越欲界時，會變成理性身，也就是所謂色界身。

色界身有色界身的脈，色界身脈的產生是依於我們這個肉身。色界身的脈是純陽之脈，所謂「男不自男，女不自女」，道家所說的「乾坤復其本位」，「斬赤龍、降白虎」指的就是這種現象。

在佛教則是指進入初禪以上的境界。從欲界身要進入到初禪的色界身之前的未到地定，如果是修學數息法門，修至此境界時，我們以心眼觀察這個肉身，則它會消失。

這是指內在肉身的消失，而不是外在的色身消失。這代表內在的中陰已經轉換，從欲界身轉爲色界身。

所以在色界的純陽脈其實是託借於色界中陰的脈。如果是修學不淨觀者，則可以看到我們身體內部的三十六物。

從欲界到色界，會造成我們身心很大轉換，而轉成另外一種脈，這脈在道家稱爲純陽脈，在佛教則是初禪中陰的脈。而在婆羅門教的脈輪，則稱之爲恰克拉（cakra）。

而一般的脈，即使修到色界還是屬於有爲的脈，從這些有爲的脈再轉化，再昇華，直到肉身消失之後達四空定，即到達所謂的無色界。

無色界是由我執所構成，它是一種純粹的意識思維體，這種意識的運動也是一種脈，這種脈也是來自執著。雖然它沒有肉身的支持，但是這種運動的過程也是一種脈，這種心脈是過程還是位在煩惱的範疇之內。如果是尚未修行、不曾開悟的人，託寄於欲界的、或是色界的，乃至於無色界的脈，本身都與中脈無關。

中脈是智慧開啟後的無爲脈，而欲界、色界和無色界的脈本身是屬於有爲脈，是執著的脈道。

中脈的開發

一般而言，要達到初地以上的證量才談得到中脈的開發。業劫氣完全停止，中脈開口將現起時，會有「氣住脈休」的現象，但要注意，「氣住脈休」不一定表示中脈開發。中脈開發，一定是在業劫氣完全停止、智慧氣生起時才會發生，這完全是般若正智力量所致。

若以大手印而言，要達到此境界，至少要達到大手印的專一瑜伽以上的境界，得到根本智；在大圓滿裡則要達到「且卻」，也就是立斷——頓住法位的證量，如此中脈才能開發。

只是，禪宗、大手印、大圓滿各有方便，並不透過三脈七輪的觀想來成就。

中脈開發，並不是一下子完全通達，而是視證量而定，如：到達初地、二地之後，地地各會開不同的脈輪，具足各種功德和智慧。如：密勒日巴尊者是喉輪已經開發的聖者，所以能夠自在說法無礙，這表示他是七地以上的行者。一般而言，三、四地的行者開發到臍輪，五、六地的行者開發到眉心輪，直到等覺、妙覺、成佛，則是開發到頂髻。

在中脈開發的過程裡，每一地有一地的功德、智慧，而其成就包括了外相成就、內相成就、祕密境界成就、法性成就，這四者須同時具足，缺一不可，它是自法性的祕密和緣起的祕密交織而成，同時修證。

一般人對中脈有許多誤解，其實，中脈是無爲脈，而不是身上的脈，卻又不離身上之脈。

在沒有修生起次第、觀佛脈之前，一般人的脈都是凡夫脈，顛倒不正的，如此怎麼能進而修圓滿次第？如果沒有觀本尊脈，徒然修鍊凡夫脈，自然不可能成就了。

生起次第的本尊觀，就是安住在地、水、火、風、空五大，以本尊觀的三脈七輪做基礎，再開始以如幻三昧做爲幻觀。

如此的幻觀，是以我們的身爲主，是實際的，而對這實際的顯現不執著，這才是如幻觀。如此，業劫氣完全停住，開始統攝，脈開始調柔，明點開始清淨，所有的業障開始清除。

中脈現起的境界

當悟境現起時，整個中脈便完全現起。中脈現起是什麼樣的境界呢？有時是遍虛空、盡法界、無量無邊的廣大，有時感到整個法界就是一個圓球，有時現起月輪，有時如一根中空的麥桿，每個人所得的悟境不同。

禪宗的開悟有以「銀碗盛雪」、「露地白牛」，來顯示悟境，當悟境現起時，必定有「氣住脈休」的現象。此時，行者聽一切音聲、皆是現觀現聽，當下過即無痕，時間、空間完全統一、完全如幻了。

有一個行者如此描述自身現起中脈的境界：「整個人從皮開始消失，整個『啪啪！』地遍到法界，完全消失，皮、肉、骨、心，完全空掉了，之後，再從法界次第現起，整個身體從內臟、骨、肉、皮重新次第出生，我就看著自已消失掉，再重新出生。」

他曾將此經驗透過一位朋友請問陳建民上師，陳上師說這是「修入中脈」的境界。而他在某一次的禪七裡，晚上在禮佛時，感覺到整個人就「啪啪！」地一聲，像骷髏頭被劈成兩半，隔天悟境便現起了。在禪宗祖師大德裡曾提到「如劈骷髏相似」，這就是見法身的境界。

這不是用觀想來的，而是悟境現起時，自然會有這種境界現起，這時才「初分相識」。

多年前我的一位朋友發生了一次極爲嚴重的車禍，全身的脈、骨節全被撞散了。那時有一位精通太極拳的老師去探望他，惋惜地對他說：「你修行的功力大概全部廢掉了。」但他的感覺並非如此，當時他自已感覺到虛空中的法身透明無色，如琉璃般的水晶的身體，慢慢具足三十二相、八十種好，如此之後，才在外相上慢慢顯現，讓脈一節一節地接起來。這些境界都是自生自顯，而非觀想所成。

中脈的現起也是如此，具足智慧，如幻現起，法性相應此緣起而現起，無有執著，這才是如幻現起。以上的境界皆是自生自顯，如果只是依照這些境界去觀想，擬一個境，這是沒有用的。

禪宗對這問題所採取的應對方法，就是不談境界，或是說得很含蓄，而密宗剛好相反，則是把次第列得很清楚，檢證得很嚴格；前者是極端的祕密化，後者是極端的複雜化。

佛脈的顯現，在人類的世界，就是以人類的身心爲基礎，發展到圓滿的狀態，這就是三十二相、八十種好。密教裡所記載本尊的三脈七輪圖就是依此畫成的。

即使從欲界的氣轉成純陽之氣，這種轉換也僅是一種昇華而已，基本上它還是在混沌無明系統之內。即使是依照以下所講的中脈修習次第修鍊，實際上仍是未曾開顯法界之身脈，要到現證開悟之後，才有中脈的開脈，悟境尚未現起之前，就沒有中脈可言。

在小乘而言，就是得到法眼淨，即初果以上才會有中脈的顯現。中脈是智慧生起之後，整個身心的昇華屬於心靈純粹無爲之下的一種產物，這是法界上的祕密。它在我們肉身上也會造成影響，這是緣起上的祕密。

中脈顯現之處，是在我們身體幾何結構的正中部分——純粹幾何中心點。這純粹是在無爲、無我、無執的狀況裡自然所產生的中心點。

我們現在如果不能現證起這無爲的中脈的話，可以先學習「中脈顯現次第修法」，來借假修真。我們先利用這個修法除去身心的障礙，以期將來現證中脈時能快速地圓滿。

中脈顯現次第修法

安住如幻無常的心念

首先，我們要了知一切世間都是如幻，都是無常，就如同在通明禪裡的「三如」：第一，呼吸及空氣本身都是如，如者如幻、無常，一切皆無本體，都是不能執著，是遷變的、是空的。

呼吸的觀察

現在我們思惟呼吸從何而來？去又從何安住？來無所從來，去無所從去，呼吸出出入入不斷變化，沒有一個永遠不變的本體，這是宇宙實相，是空，也是如。

有身體才有呼吸，有呼吸出入，我們才會感覺呼吸的存在，這是一個相互的緣起。

我們的身體不斷的在變化當中，身體的細胞在出生後的七年內全部變化，而呼吸是無常，是如幻，我們的身體亦是如此。

身體的產生是因爲我執，由欲界的中陰糾纏著這個欲界的色身所結合而成，如果心沒有了，身也就沒有了。

所以心是空，身是空，呼吸也是空，這三者皆空。所以我們雖然擁有人身，但它是如幻的、如陽焰、如空花、如水月、如虹光、如彩虹。

一切如夢幻泡影

如此觀察的結果，我們的身心會愈來愈清淨，愈來愈不實在，它很清楚的顯現，但卻又沒有實質，如鏡花水月一般。初始的時候，行者雖然不能現證如此境界，但是我們有這樣明顯的覺受，了知一切如幻，整個外界虛空如幻，整個一切現前如幻、宇宙如幻、法界如幻，而我們的身、息、心三者也是如幻，脈當然也是如幻。

確切了知我們的心、息、脈、身、境都是如幻，安住不變的了知，心念無所安住而了知如幻。

這時，觀一切皆空，這是第二個階段。

真空妙有之身

這時，我們觀想內外身心觀一切有如鏡花水月，宛如水晶一樣，宛如彩虹一樣，宛如水泡一樣，有這個形質，卻是無實質，是由緣起交互投攝所現。

這時整個身心很清淨，而且完全透明，內外空透，沒有實質，五臟六腑、身心氣脈完全如幻了，這時才從這個假身當中了知緣起空幻不實。這是第三個階段。

雖然在法界上現前都是緣起皆空，而在緣起上它是如幻的有，所以這是真空妙有之身，這時我們應該知道，一切世間的運作本身有它緣起的法則，有它的邏輯性。

拙火開顯中脈

此時，我們結跏趺而坐，身體的下半部是我們這緣起如幻的生命力量來源，在我們身體的幾何中心點剛好位於海底輪的所在——臍下四指的丹田之處，是在身體的幾何交會正中央。它雖然是空幻的，但它是現前妙有而能夠運作的，這兩者並無衝突，這就是一如。

我們的身體像彩虹一樣的虛幻，像泡沫一樣的無實，我們了知宇宙現前是空，當自心完全和法界相互融攝時，整個心、氣、脈、身、境，整個法界現前寂靜，當我們的大悲心一念生起時，彈指中，從無生現前生起——法界力，這法界力即大悲心。

這是行者在體悟空三摩地後，從火大的法界體性中，以大悲忿怒引燃而生。所謂大悲忿怒，就是不肯眾生在困厄之中佛智未遍滿，不肯眾生未成佛的大悲菩提心。

這時我們會發覺約在臍下四指處，有力量生起，這稱爲忿怒母、或是拙火，它是法界本體的力量，即是大悲之力，在那兒，有紅色的一點。忿怒母所產生的是紅色，我們不必執著於顏色，但要了知它是從哪一點開始的，從這一點忿怒母，修習拙火瑜伽，在海底輪觀想無生短阿，觀想此點像火焰一樣向上燒起。貫通我們的中脈，如果整個中脈完全通達，則頂髻圓滿，現證成佛了。

從海底輪到臍輪，到心輪，到喉轉，到眉心，到頂髻，開發一個輪就是證得兩地，初地、二地、三地、四地直到十地、到佛地，也就成佛了。是在了解空性、完全沒有障礙後，從智慧中生起智慧氣。把業劫氣全部轉化清淨，以大悲心的智火來長養，使其地地串生，悲智圓融，到最後圓滿佛果。

讀者若欲詳加瞭解拙火的修法來顯現中脈，可參閱《智慧成就拙火瑜伽》一書，其中有精闢詳細的介紹。

中脈念佛法

除了修習拙火外，我們也可用念佛法門來開顯中脈，在說明念法法門前，首先我們來解聲音與光的關係。

什麼是太陽的聲音？光就是太陽的聲音。

光與質量，光與聲音是二嗎？

其實聲音與光是一樣的，它們只是頻率不同，是我們的眼、耳把它分別了，其實它們都是一樣的。這一點很重要，大家要清楚了解，才能達到六根互用的大神通、大圓滿的境界，了悟了可以解除多劫以來的修行障礙。

有了以上的正見，再來我們選擇與自已有緣的本尊，如釋迦牟尼佛、阿彌陀佛等。

以阿彌陀佛爲例，我們要了知阿彌陀佛的大慈、大悲、大願，如何現證三身、圓滿成就佛智。由於阿彌陀佛巍巍功德，稱念其佛號可幫助我們排除一切障礙，使我們的慈悲與與智慧增長，圓滿世出世間的一切功德。

身語意與本尊相應

當我們與阿彌陀佛的願心相應時，這時，我們自已的身、語、意三者入於阿彌陀佛的身語意；阿彌陀佛的身、語、意入於我們的身、語、意；阿彌陀佛之心入我之心，阿彌陀佛之身入我之身，阿彌陀佛之語入我之語，入我我入，三身同時證得圓滿時。

從海底輪發出佛號

此時我們便依於此氣，依於大悲心的長養，依於彌陀與我們相應的這一剎那，然後從海底輪開始發出「南無阿彌陀佛」、「南無阿彌陀佛」……，念念增上。

如果這時空性具足，沒有任何障礙，其咒音的生起也沒有任何障礙，是一輪一輪，一脈一脈的自然生起。如果定力具足、悲心具足，它就會自然層層增上。

現在我們開始練習：從海底輪開始發出：「南無阿彌陀佛」、「南無阿彌陀佛」的佛號聲，一輪一輪增上，自然而然讓它上去，「南無阿彌陀佛」、「南無阿彌陀佛」……。接著海底輪的這一點就變成摩尼寶，然後轉成無量光佛，也就是阿彌陀佛。

阿彌陀佛念阿彌陀佛

此時我們就如同阿彌陀佛念阿彌陀佛，念念增上，直直串起，從海底輪到臍輪是阿彌陀佛，到心輪也是阿彌陀佛，到喉輪也是阿彌陀佛，到眉輪也是阿彌陀佛，到頂輪也是阿彌陀佛，每一個阿彌陀佛都在念阿彌陀佛。

「南無阿彌陀佛、南無阿彌陀佛」念念不斷，同時不斷放光明，結果阿彌陀佛化成了阿彌陀佛，南無阿彌陀佛的音聲化成阿彌陀佛，光明也化成阿彌陀佛，身體裡密密麻麻的每一個細胞都是阿彌陀佛，每一個都像晶瑩的、透明的、就像彩虹般，無量無邊的阿彌陀佛。

每一個小小的阿彌陀佛串成大的阿彌陀佛，每一個輪也串成大的阿彌陀佛，我們身體的每一地方都是阿彌陀佛，每一個細胞都是阿彌陀佛，整個貫成一個大的阿彌陀佛，每一個毛孔都是阿彌陀佛，整個無量無邊的世界全是阿彌陀佛，於是，整個世界就變成極樂世界了！

這時，我們不斷的念「南無阿彌陀佛、南無阿彌陀佛」，不必口念，而是自然而然的念，而且不是我們念佛，記住是阿彌陀佛念阿彌陀佛，每一個細胞都是阿彌陀佛在念阿彌陀佛，貫穿成整個身體都在念阿彌陀佛，百千億的細胞在念阿彌陀佛，整個無量無邊的世界現前都是阿彌陀佛，阿彌陀佛與阿彌陀佛光光相照，無盡相攝，寂然現起蓮花藏世界海，十方三世同時炳現，摩尼寶珠互相交映。

這時，宇宙現前進入金剛法界，無聲之聲，無念之念，自然安住金剛喻定，現前圓滿。

欲詳細了知成就中脈的方法，請參閱《現觀中脈實相成就》。

第七章

大手印

——現觀體性光明

大手印的教法是藏密噶舉派最著名的教法，自古以來有無數的成就者。而大手印法是以般若的心髓爲中心，所開發出來的教法，與中國的禪宗，有一些相似的見地與修證。

大手印以直入於法性，爲修證的核心。因爲直觀法性，與法性完全相融爲一，因此如實安住於實相中，能刹那除滅一切的分別，現前與明體合一。

也因此，大手印在直入法性中，產生了四個次第：

一、專一瑜伽：安住法性，與法性合一的悟境。

二、離戲瑜伽：遠離現悟安住法性後，產生執著悟境與真妄的分別，而了悟一切分別皆是戲論。

三、一味瑜伽：一切真妄、迷悟等法界分別，都現融於一味，不再生起。在行、住、坐、臥中，都安住於實相的大印，現前修習大手印。

四、無修瑜伽：一切法爾無別，沒有得與不得、修與不修的一切眾境，修時無修、無修時修，在法性盡地中，自在的圓滿。

雖然說大手印有以上的四個次第，但其實都是安住法性，法爾現起的妙境，還是無所分別的。

簡介大手印

大手印的著述

密宗大手印傳入中國，並且廣爲翻譯著述而受修行者重視，應是民國以來的事，在這些翻譯著述當中，從學理上探討大手印的有劉銳之先生寫的《諸家大手印比較研究》。

此書並不是從宗教修行證量上來談，而是從學理的分析角度來看，劉氏蒐集了很多大手印的法本，從中比較研究，多能了解大手印的一些現象，因此，頗有值得參考的價值。

親身實踐的大手印

而大手印就像禪一樣，基本上都是現證、現成、現解脫的，並非學理上的知識，是要親身實踐的；當然要當做學問探討、文學欣賞亦無不可，畢竟祖師大德所留下的文字用詞美妙，所要表達的內涵深邃，因此形成一門學問，也有其存在的價值。

但是禪本身卻不是知識學問，禪所談的是證量所顯的機鋒話語。修行者的道行與證量，是無法欺騙自己的，縱然說得天花亂墜，但是證量不到，臘月三十到來，臨命終時，境界現前時，還是沒有用的。

同樣的《諸家大手印比較研究》，也是將蒐集的資料做一個比較研究而已，可供參考。

而在現代人大手印的著作裡，陳健民上師的《大手印教授抉微》，無疑是一本不可忽略的重要名著。

《大手印教授抉微》是陳上師對整個大手印的見地及證量的重要記錄；並且對諸家的大手印譯本做深刻的抉微，所以此書，在研究大手印的著述中，是中國人的著作中不可不看的著作。

另外中國翻譯成中文大手印方面的著作也有不少，例如《恆河大手印》、《祝拔宗大手印》、《顯明本體四瑜伽》、《八大手印》、《大手印選集》、《班禪大師三義》。而平常容易看到的大手印資料是自由出版社所刊行的《椎擊三要印》以及《恆河大手印》。

這些大手印的資料是古來大德關於大手印的證量體會所寫成的。還有張澄基先生所譯的《密勒日巴大師全集》，本書包含了密勒日巴尊者的傳記及其十萬歌集。

其中十萬歌集是密勒日巴尊者與弟子，或是一些相關的徒眾問法時，尊者以唱歌的方式回答的故事。這些歌都是大手印的教法，一首歌即是一個教法。

這是密勒日巴尊者從心的體性之中悟得了大手印的體性，直接依據外境緣起，而說出他大手印的證量。所以每一首歌都是一個教法，每一首歌都可以讓我們修得大手印的成就。

另外，張澄基先生又翻譯了《岡波巴大師全集選譯》一書，其中之「教言廣集」，也有很多關於大手印的教示，可惜他因爲健康的問題，只翻譯了一部分，沒有全部翻譯出來。

修學者若對大手印有興趣，可以參照上面所說的資料，必能對大手印有更深刻的了解。以下所討論的是大手印的總說，實證的教授還要靠行者在見地上、境界上、實證上，一層一層精確的修行體認與抉擇。

光明體性的心髓

大手印（Mahamudra）梵文的原意是大印並無「手」字，它所談的是大印契，所講的是心印。名之爲大，是比喻其偉大，這「大」乃是遍法界一切處大。它並非真正的手印，這「手」只是一種形容詞，代表像佛手一樣珍貴。「印」是指標誌、象徵，是指我們心的標誌。

修證的人可從兩個方向來證得大手印，一個是從初灌、二灌、三灌、四灌漸次修習，修到四灌即契入大手印。

另外一種就是直接從解脫道進入大手印，不必經由初灌、二灌、三灌，直接契入大手印。

法身見

要證得大手印，最根本的是要具足大手印的見地，如此方可成就。而大手印的見地，其實是建立在對唯識與性空的徹底了解的現證結果，而大手印則將這個現證的果地拿來作爲直接驅入，成爲大手印的見地；直接運用這個果地成就，來作爲基本見地，而這個見地就稱爲「法身見」、「大手印見」，或是「俱生智見」。

什麼是「法身見」？即眾生本來是佛，並無煩惱無明，但是由於自身的妄想執著，而於清淨的自心當中妄取虛幻而生煩惱，所以我們只要鞏固我們的智慧，安住在法身境界之中，這些虛幻和妄想，就會宛如鏡中之幻象，終會消失。

以下的例子，可以說明什麼是法身見：在一個無邊的大海裡，有個小島，而島上有一隻小鳥，在無垠大海中飛行，但只有這個小島可以駐足；鳥飛來飛去，終究還是要飛回這個小島。

這個小島可以喻爲法性、法身，而鳥喻爲煩惱，所有煩惱本身是與法身不二的，我們不必與其對抗、糾纏，造作、推拒，自然保任法身，這些煩惱也自然會消失，這就是大手印的法身見。

法身就密宗而言，即是明體，對明體沒有徹底了解、沒有徹底的揀擇，那麼想要擁有大手印的證量，可以說是不可能的。

很多人都對大手印不了解，有人說：「我想修大手印定來懺悔。」這句話其實是很可笑的，就像有人說要用開悟來懺悔一般。

開悟之後，了悟實相，安住實相之中，淨與染無所分別，所以還用懺悔嗎？因此這是不了解大手印的人所講的話。

懺悔可以以拜佛來懺悔，或是修〈百字明〉金剛薩埵等懺法，而大手印是法身、是光明、是清淨，直接契入實相，哪來那麼多葛藤？所以要修學大手印，第一要義則要具足大手印的正見。

大手印明體的四種表徵

在佛法的顯現過程裡，有時從正面直接顯現，有時從反面來作遮破。例如涅槃的解釋即可從正反兩面來說明。

什麼是涅槃？從反面來看，可說是「苦的止息。」即痛苦消失了，或如空宗所見，一切是不真、無常、空的。

有時從其內涵來講，則是真如、證得真如，大光明藏。從一個直接顯現的境界而言；涅槃即是超越一切非有非無的一個自在解脫境界。同理我們也可由此兩方面來了解，大手印明體的見地。

直顯而言，在在處處都是大手印，時時現起都是大手印，大手印時時在眾生的心中，時時與眾生不離，但是我們卻常常錯過了，並不是它消失了，而是當面錯過。如果不能認證大手印，對大手印不了解，如何去證得大手印呢？

從正面直接顯現，指示大手印明體的有四個境界：第一、明相，第二、無念，第三、心離能所，第四、氣離出入。以下我們分別來說明。

明相

在禪宗有時候用銀碗盛雪、露地白牛，有時用水晶罩子等來說明開悟的境界，而這些其實就是指其明相。

見到明體的人，會伴隨這個現象，但並不是有這個現象，就是見到明體了，這兩者要分辨清楚。

見得明體時，就像是戴著一個水晶的眼鏡，眼鏡剛戴上的那一剎那，世界變得很亮，我們會感覺到一切事物極爲清淨，極爲光亮。

普通的人見到明體時，只是一閃而過，就像是在打坐時，突然亮了一下，但不能持久；而真正得明體時，是會感覺到一切都很光明，甚至在睡覺時，整個山河大地、整個宇宙也都是光亮的。

但通常一般人沒有如此強大的力量，所以初見明體的時候，會感覺光明比較薄，不夠厚實，這薄厚的程度，就相當於一層水晶再加上一層水晶，越厚則雜質越少，越厚就越溫潤、越晶瑩、越鞏固。

要了解這種境界，我們可以試試在自身前面放上透明的水晶玻璃，一層層放上去看，那種感覺就對了。但是表面要乾淨、沒有雜質，如此才會感覺越來越厚，越來越鞏固；就像塗上一層一層的純金的金粉，那種明亮就會越實在；又像滿月的光明，很亮很實在，卻不刺眼、很柔和、很渾潤；也像上好的玉一樣，有潤澤的光明現起，那種感覺很溫潤、剔透，但不刺眼。

這種光明厚實、鞏固了之後，會感覺整個世界都變成了水晶般透明的世界。

無念

初見明體，要從無念中切入，但不是無念才會顯現明體。如果一定要無念才有明體，這只是初修大手印的境界。

初見明體時，必須清清楚楚沒有干擾，也就是無念，但到後來雖有了干擾，但還是大手印。初修時是無念才能契入大手印得見明體，到後來則是妄念即大手印，生病的時候，煩惱時候，定心、散心，無一不是大手印，就像六祖惠能大師所說的無相三昧，無住生心，就是真正的「無念」。

在無念、妄念斷絕的時候，這時整個心念、妄念會全部停止，心光自顯光明，剎那之間現起，這時候就要認取。

如何認取呢這時候的心?要坦然無礙，沒有任何扭曲，明體在這時候就能顯現。初時明體是偶而現起，純熟之後會斷斷續續現起，最後成爲一片，整個二六時中，無論是順境、逆境、乃至平時，明體都會顯現無礙。

心離能所

在此要提醒大家，明體並不是在修定時，所見到的光明境界，而是我們安住在整個法界體性裡，心在無念當中，離開了能觀、所觀，能止、所止，法界體性一味現起時的現象。

所以它不是止、觀、非止觀，是離於止觀的，不是止，也不是觀。所以得見明體時，沒有能止明體的心，也沒有能止明體的境。

而認取明體、不能錯過明體，這不能錯過是指二六時中了了分明，心境光明照耀一切，而不是對此境界有所執著。

所以這個指示與證入本身，不是：「我有這個光明，我抓住了」，就叫明體，而是安住於明體，是全然的，而不是能、所對立的現象。

氣離出入

心、息、身三者有密切關聯，所以在無念之時即是心止，而心止則息止，息止則身止；心不動則息不動，息不動則身不動。在這其中，氣會有離於出入的現象，而完全停滅。

而我們在初步修習大手印時，明體在氣離出入時會有光明現起，因此，經過不斷的修證氣離出入，就會現起光明，越來越純熟之後，明體就會越鞏固，到最後氣離出入，明體還能夠滲透。從氣離出入到氣能出入，才是大手印。

就如同在初期的時候，會有無念的現象，後來即使念頭動起的時候，還是安住在大手印。念頭起動的時候，當然此時氣還會出人，但還是大手印。而當心離於能所，卻又強執於此境界，或心離五毒而五毒再現起時，當然還是大手印。

就像國畫大師八大山人認爲畫竹子，有十個不可犯的過失，犯了其中任一種，就不是好的作品。但是他自已所畫的竹子中，有許多地方卻都犯了這些過失，但他的作品還是頂尖的，大手印即是如此。

又好比我們教人騎腳踏車，一開始時要按部就班，小心謹慎，不能表演雙手就放開龍頭的特技？等到學會了，就可以倒騎，或是做其他特技表演。這樣情況總不能說他不會騎腳踏車吧？大手印即是如此。

以上這四個境界，是見大手印明體時，在外相上所顯現的四種樣態。這四種樣態因何而生起呢？它是因爲心安住於本源而不動，心住法性而不動。有時在酒後、或是夢覺、大驚、大樂、睡眠、哈欠、打噴嚏、或剛死亡的時候，明體也偶爾有現起的機會，但這種現起本身，一般都輕忽錯過，不能認取。

所以現在我們了解這些現象後，在明體現起的時候，就可以嚐試自然安住。自然安住即是不生起一念，無念而自安住，但是不必刻意生起自然安住之念，否則反而離開明體了。

大手印的三相九要

古德也有很多指示大手印的論述。例如，岡波巴大師在《大手印講義》中，曾提到「三相九要」。

什麼是三相？第一是平等，第二是抒展，第三是遲緩。九要則是：寬鬆爲身要，習不急爲語要，不依不執爲意要，身自然住，無可動、無可取、無力迫、無功利，六識任運。這是屬於大手印的內容。

簡約而言，在大手印定中，它離於一切功用，身心完全鬆坦，心中平緩自在，六識任運而用。

在筆者教授禪法的首要步驟裡，首先都是引導大家身要鬆、心要鬆、息要鬆。爲何放鬆如此重要呢？

因為我們之所以會輪迴，最主要是心很緊迫，由於整個心的執著，產生心的緊張；息的執著，造成呼吸的緊張；身的執著，造成身的緊張；如此緊張是無法證入大手印的。所以我們要從這緊張中要放鬆，而且是大鬆，若能做到心鬆、息鬆與身鬆的話，則整個法界光明就自然現起。

以下說明鬆緊的關係如何來配合大手印四層的修法。

無上密法的心印

之前所述是大手印的基礎見地，依此見地來修持大手印的正行四瑜伽。正行四瑜伽的境界，第一個是專一，第二個是離戲，第三個是一味，第四個是無修。

大手印離於一切止觀，因為止與觀都是有能所的對立，而大手印不是止觀中的事，而是正修止觀到最後，證得止觀所現前的現象，才是大手印；不是在止觀過程中所見到的一些明相，或是在止觀之間偶然的無念；或是四禪的呼吸停止，這些都不是，大手印是離於止觀之後的境界。

明體沒有尋伺，也沒有思惟，自然安住，自然寬鬆，安住於法界的大明體，當證入於明體的時候，已經是得法身。所以真正的明體，要入初地之後，才能證得，如要比擬即是禪宗要開悟後的現象。有些對大手印不了解者，對於明體的見地，混用了止觀的見地，這些是要檢擇的。

專一瑜伽

顯明本體四瑜伽，又分為上品、中品、下品。

下品專一瑜伽

下品專一瑜伽的內涵是什麼呢？

下品專一瑜伽就是心能夠住在明空，當我們見到明空時，就是得見明體，明而具足空相，空而具足明相，空而具明就不會落入頑空；明而具空就不會落入色見；若是有明無空，則墮入色見。所以，如果修行人一天到晚談論自己見到的光明現象，並不恰當。

心能具足明空、具足樂的覺受，在顯現沉靜的時候，自已的心隨時能夠清淨自然解脫，自心生起決定無有錯謬的正知見。

但在下品專一瑜伽，在後得境的時候，會心生歡喜，此時常會在所現起的境上產生執著之心。而且在後得境當中，雖然不會失掉定念，具足空樂之相，但是有時對於空也會產生執著。

所以在境界現起的時候，境界是沒有錯的，對於後得境的知見也不錯謬，然而對於此境界卻產生執著，不能當下得到解脫。這是因爲在此階段知見上是正確的，但在覺受上不圓滿，在證量上當然更不具足，而無法在念念中圓滿現證。此外，在夢境上，也還不能到達光明的境界。

中品專一瑜伽

到中品專一的時候，空明的覺受增強了不少，較前容易入定。此時會產生一些現象，如：我們想修定的時候，心一定的時候，呼吸自然慢慢停止，想入定的時候就能入定。

而在無意修定時，依據這樣堅住的覺受力，也會自然入定。妄念的顯現，會比前述的下品專一還少。在後得境的時候，能具足空樂覺受，但有時候仍會生起執著。

上品專一瑜伽

在上品的時候，明空與大樂的覺受，已經很明顯，常常會自然安住在定中，一切妄念在定的時候，就自然消融了。

後得境的一切現象，在此定上都會發生，所以還是會有夢，但於夢中會入於定，而且隨時會有夢幻泡影的覺受。

上品的專一瑜伽中，所顯現如夢幻泡影的覺受，其實已經入於離戲瑜伽了。因此，我們要了知顯明本體四瑜伽雖然在境界上，分爲上、中、下三品，但分界不是那麼嚴明與絕對，卻是有其教授上的方便性。

所以我們要透過這三品的解說，來了解四瑜伽的證量上的覺受內涵，但不必執著於這種分類的絕對性。

一般來講，雖說大手印是西藏、印度的法門，禪是屬於中國的法門，但他們的含意有廣諸多類似之處。如，在禪宗不破初關不閉關，破了初關之後要閉關；而大手印則是證得專一瑜伽之後，也建議修行人要去閉關，在高山茅蓬寂靜之地，專心修持。

爲何要如此呢？因爲在專一時，明體還不鞏固。而因爲我們修學專一的緣故，就是希望能使明體得以鞏固；所以在山中專一自修，讓覺受不斷地湧現，不斷地自然安住，讓明體的力量不斷滲透，滲透到很鞏固、不動的時候，才出關。

離戲瑜伽

在專一瑜伽中，我們敘述明體、明空的現象是真諦的顯現。而離戲瑜伽也是分爲上、中、下三品來說明。

下品離戲瑜伽

首先說下品離戲瑜伽在通達心的體性之後，已遠離所有生滅的戲論，也就是生、滅、妄、真，種種兩元相對的戲論都已經遠離了，但是我們雖了解不能執於空，然而在當下的感覺裡，空的執著還是會現起。雖然之後會明白這些是虛妄的，但是當下還是會執著。

我們是否執著之後，才了解爲何會執著？在這種現象下，當下會感覺是空、虛妄的，對輪迴會害怕，偶爾會生起畏懼，對境界會有希求，但下一刻馬上知道這是空的，這即是下品離戲瑜伽。

中品離戲瑜伽

而中品離戲瑜伽，是雖然對空、定、覺受的貪著已經能夠消除，但是對於所起的境相，還是會生起希求與排斥的心態，尚不能斷除減損、增益的心理。

上品離戲瑜伽

上品離戲則對於涅槃或輪迴所生起的一切法，執空、執有的種種境界，已經能夠離於執著而得到解脫，也遠離希求畏懼的心理，對於一切增、損之心，都已斷除。

離戲瑜伽就修道位的立場，相當於在道果上的追求。

以般若乘的立場來講，證得總體的智慧之後，對於一物一事都要用空性去滲透它，而密宗大手印的立場則不同。

因爲般若乘從二地到七地，是一事、一物去滲透學習，運用空性去滲透了解。

但大手印不是，它是從明體直接擴充出去，不是從心中生起意念而引起動作去學習，而是直接擴散出去，從體性上去滲透。這也是爲何大手印修證迅疾，般若乘比較和緩的緣故。

而這動力的來源，就是上師的指示與加持，還有修行者本身對大手印見地的實證。因爲用道地的基礎來看，它是一個階次性、次第性的，必須用空性去證得，以學習的經驗來變成空性的基礎經驗，是一個一個次第去增長。

而大手印不只是透過空性的智慧去看而已，更是由眾生所見到的這一分法界體性光明，直接滲透。所以主體並非用實際去學習來增長智慧，而是直接利用體性光明滲透到每天的生活當中。

一味瑜伽

一味瑜伽比起前面的境界更爲增上了，也可以說離戲瑜伽是一味瑜伽的基礎。

離戲瑜伽雖然在體性上是直接滲透，但是滲透的仍不深，尚未融合。而一味瑜伽則是在體性上掌握了全然體性，從無異的體性中，已經全然穿透、完全融合一味。

在證得上品一味瑜伽時，一定有神通的現起，如果沒有，就不是上品一味。上品一味瑜伽圓滿之時，一定是證入八地，但是在前面五地、六地……時，有時也會現起一味的覺受。

下品一味瑜伽

下品一味是通達一切本體時，尚會執著所得的覺受，於後得境中，外境現前，會受外境的導引，受外境所動。有時其執著之心亦和一般人一樣。

有時會生起身、境、心三者無差別的覺受，但有時也會有悲心減少的現象產生。所以當一味的覺受生起時，覺受若不鞏固，悲心會減少，這也就是對於「一味」的堅實執著。「一味」是不能執著的，但有時仍稍有一味覺受的執著現起，所以在因果上可能是在因果上觀察不清楚，這是下品一味。

中品一味瑜伽

中品一味則是對於下品一味所現起執著覺受的現象已逐漸減少，在外境上，和前面相比並無太大差別，但執著的厚度減少很多。這時，時時現起內外境無所分別、心與境不二的現象，比下品一味的覺受更鞏固。

上品一位瑜伽

上品一味，由於平等體性不生不滅的力量，這時於所顯的一切，已經離開任何的執著，通達不二，這時候已經能夠晝夜恆一，無念所顯。但是在無念所顯的時候，有時可能顯起一些無明，但已是很微薄了。而在後得智時，所顯的無執明空的現象，卻宛如幻化。在夢境中，有時會顯起微細的夢，但能不被迷昧，這時無夢現象已經恆久現起。

在《顯明本體四瑜伽》中曾說到：如果得到上品一味時神通未現，未見本尊空行之相，當有壞戒者來，或隨之往，被其罪業所薰，以致神通勝相不現，應造插插（譯音，指佛像，西藏人所造的佛像模子，用章蓋的方式，製造一個一個的佛像）一千或三千，每一插插，供獻一花，以祈求消除壞戒之罪。

這種說法是有疑議的，因爲上品一味一定有神通，而且罪業清淨。具足上品一味的人，當然可以造插插，但不是爲了現起神通而造插插。因爲上品一味已經是無功用行，而無功用行不應生起要滅除罪業的想法，這想法於此境界而言是錯謬的。如果證得法忍，怎麼會有這些現象現起呢？

這些都要從法理上來揀擇，從般若乘來揀擇，從佛法上來揀擇。

無修瑜伽

下品無修瑜伽

無修瑜伽亦分爲三品。下品的無修瑜伽，不必勉強自趨無修，一切所顯無非是無緣無慮的大手印。

在後顯之時，還有尚未完全清淨的殘餘微細無明，這時不知道它是殘餘的微細無明，而以爲它是無念，結果卻住於其上，以爲是無念而不自知，以無覆無記爲無念而不自知。雖然絕對不會造惡業，但在整個般若法中，尚有積習未清淨，這時還有「如幻如化」的執著，這就代表尚未有圓滿。

中品無修瑜伽

中品無修，極微細的如幻如化的執著已經開始清淨了，而且晝夜相續。在後顯的時候，比前面的以無覆無記爲無念更微細的現象會現起。

上品無修瑜伽

上品無修是連最微細的無記，都全部去除，於是成就佛果。

總論大手印四瑜伽

修學大手印的時候，首先要在見地上得到明顯的抉擇，依見地起修，起修之後，在專一境界時，了解一切是離於止觀的境界，依止於明空的現象。

在下品專一明空現象現起時，後得境中還是會生起種種的無明。

在中品專一時，這種現象慢慢消失，會自然入定。

上品專一時，定境鞏固，慢慢生起如夢如幻的覺受。

入於離戲的時候，它能夠於一切的後得所顯，開始能夠了知一切如夢幻泡影，但是在下品離戲時還是會執空，對境界有所希求，有所畏懼。這畏懼不應執取，因這時是無所畏懼的。

在中品離戲時，執空的現象已慢慢消失，但還是很微細，到上品離戲時，執空的現象就在定境中自然消融掉了。這時會現起一切平等的種種現象。

在一味瑜伽中，已經慢慢從有功用行，趨入無功用行，在下品一味和中品一味，還是存在著這個功用的運作，所以它會執著一味的境界，如此一來反而讓一味不能現起。

慢慢趨入上品一味時，一味的執就全然消失掉。這時法界光明自然現起，進入純粹的無功用行。

在無功用行當中，具足一切神通。這時一切罪業相離，就證得無生法忍。

無修的境界，在境界現起的時候，所有執著消失，但是在後得境中，微細的如夢如幻的執著產生，對此處的境界，有時會有少部分的認識不清，這少部分的認識不清，會使行者誤以無記即是無念，這兩者抉擇不清。一切惡業已經無生，但仍有微細的心垢、無記。

在上品無修中，如夢如幻的覺受已經消失，但是微細的無明還存在，直到最終成佛，一切消融圓滿，這是大手印四瑜伽的總論。

大手印的加行

我們在未進入大手印的正行時如有所疑慮，可以先修幾個加行法，而修習這加行的見地，也是依於法性、法身的見地，如果不能依止正見來修持，是徒然無用的。以下分別說明大手印加行：

吐氣離心印

這方法是諾那上師所傳，他傳這個加行法的因緣，是因爲當初有一學密行人爲了求法，把諾那上師帶到深山野外，手中拿著刀子威脅諾那上師說：「你必須馬上傳我最高、最迅速的成佛方法，如果不傳，我就把你殺了。」於是他便傳下了這「吐氣離心印」。

其方法是吐長氣一口，心要隨著氣而出，心、氣二者離於自身，匯入法性，就安住在法性之中。心安住在法性之中，能安住多久就多久。明體就我們而言，能見一分即是一分，慢慢鞏固、增長，光明自然能日漸增長，也自然能恆長安住法性之中。

如果不了解法性，不了解一切都是法身現起，不了解一切本然現成，修習此殊勝的法門，也只是形同氣功的修鍊而已。

要了解呼氣出來時，心跟著氣，心氣二者入於法性，安住於無二的光明法性，如果此時氣離出入，就自然安住在大手印的明體當中。

猝然頓住印

此法是不依任何方便，不依以前所學的一切次第方法，直接一念提起法身正見、正念，這時頓然坐下，猝然而住，當下立斷，沒有次第、沒有時間、沒有空間；而在頓住中卻又是無間相續的。

頓然坐下，猝然而住，也不要管有沒有大手印，而是提起正見，猝然頓住，只安住在頓然、明朗、輕快、寧靜的感覺裡。

如果生起散亂心，則觀散亂心的體性，將之攝爲大手印的明淨之體，不可隨它散亂，也不必抑制散亂。

因爲散亂心也是由明體所出生，所以終究還是會迴歸於明體。散亂心歸於明體，就像倦鳥歸巢，沒有其他地方可去。

如果散亂心時時生起時，收攝歸於心，或可暫時下坐，當感覺內心法身見很有力的時候，再猝然頓住明體。

先前練習吐氣離心印，心中明體自見，正見增長，接著馬上猝然頓住。這猝然頓住和我們的呼吸是沒有關係的，這純粹是由於我們的見地和定力的緣故，當我們感覺法性的見地很強、力量很強時，就剎那頓住，以鞏固明體。這體性的充沛力量越大，頓住越久，明體住得越圓滿鞏固。

這兩個方法可以一起用，首先用吐氣離心印，之後再猝然頓住明體。

曠野陳尸印

以下介紹「曠野陳尸印」的方法：

行者仰臥在床，兩手平放於身體兩側，身體完全放鬆，整個身體的骨頭從頭到腳全部鬆開放鬆，全身肌肉全部放鬆，完完全全的放鬆。

這時候想像自已躺在綠草如茵的山谷，天上是沒有雲彩的藍色晴空，整個身體完全的放鬆，我們感覺到極端的喜悅，此時身體的能量漸漸增加，身體融化成水，溶入了整個大地，現在整個宇宙只剩下一片綠草如茵的山谷和藍色的無雲晴空。

整個宇宙剩下一片綠草如茵的山谷，天上是無雲的晴空，接著整個綠草如茵的山谷也消失了，融入整個藍色的晴空當中，整個宇宙只剩下一片藍色的無雲晴空，而整個宇宙都消失了，只剩下一片藍色無雲的晴空。

從藍色無雲的晴空當中，放出無邊無量的光明，整個宇宙只剩下一片無限的光明。

過去的念頭已經過去了，現在念頭一念一念清楚明白，未來的念頭還沒到，而現在念念無住，所有的念頭都消失了。

當念頭消失的時候，只剩下一片無邊的光明，現在心中連光明的念頭都消失了感覺。

這時，儘可能安住在水晶一般的光明當中，能夠多久就安住多久。

直至我們想起身時，先起心念觀想現起藍色無雲的晴空。然後整個宇宙變成一片藍色無雲晴空，再從藍色晴空當中浮現出綠草如茵的山谷，然後我們的身體再從綠草如茵的山谷中浮現出來。我們現在躺在綠草如茵的山谷，我們所觀想的一切全都化入自已的心中。

心恢復到正常狀況，眼睛慢慢睜開，身體慢慢的轉向右側，再起來，注意要慢慢的起身，不可猝暴。以上是「曠野陳尸印」，欲詳加了解亦可參閱《睡夢禪法》。

我們可依照此方法用意念觀想，導引自己進入明體光明的世界，讓自己身心完全在光明中鬆開，並安住在明體當中。

以上簡說大手印加行。

第八章

大圓滿

——密法的究竟心髓

無上密教的巔峰

大圓滿乃藏密寧瑪巴最高解脫方便、最高的修持法。大圓滿與大手印同在民國以來開始傳入中國。一般的修行者，並無法仔細分辨大圓滿和大手印在見地上的差異，而誤以爲兩者體系相同。

對此，陳建民上師有非常仔細的辨微，而本文亦參考其著作《蓮師大圓滿教授勾提》，加上筆者對大圓滿法的修行體驗，作一番簡介，期望讀者能透過此對大圓滿法有清楚的認知。

大家可以參考陳建民上師《曲肱齋全集》中，有一篇《蓮師大圓滿教授勾提》，這是一篇很好的大圓滿教法，總共有二百八十句。閱讀此文，不要在義理上琢磨下功夫，一句一句看，直接進入心靈。大手印和大圓滿的法門都要如此來看，不要生起有所分別之心，一字一句直接深入心靈，這是看這些有證量的文章最好的方法。

因爲它所講的內涵，是直接從心意間流出，所以若以相同的心意來領受，就會有很大的受用與相應。

《蓮師大圓滿教授勾提》前面偈頌有言：

敬禮智慧法界尊，出世世法盡無餘，

從本不生亦不滅，智慧法性平等中，

二取分別盡無餘，從本解脫自解脫。

從這偈頌中可得知大圓滿是「從本解脫自解脫」，和一般的解脫方法不同，一般的解脫方法都是從外往內修，而大圓滿則是直接從體性上下手。

而陳上師在此提出兩句話，是很好的修行口訣，他說：「時間取當下，空間取當體。」再加上以「時空無可見，自在大圓滿」這句話來作爲見地，而用這見地來作爲積極的原則，並且運用這個見地來作「時間取當下，空間取當體」的運作，而達到「當下即作用，當體圓融無礙」。

大圓滿否定的四個原則

在佛法的詮釋上，有時從正面直顯，有時從反向遮破作論，現在論大圓滿的特色，亦可從此二面來看。

首先，從遮破面來看大圓滿所具有的四個特色，而這四個特色，我們可以佛法中所講的見、修、行、果四個觀點來看——第一、不立一切見，第

二、不立一切修，第三、不立一切行，第四、不立一切果。即是見、修、行、果四者都不立，這是了解大圓滿一個最簡單的特質。

不立一切見

為什麼「不立一切見」？

對於大圓滿而言，它所談的是智慧法爾解脫本來清淨見，所以不立一切見。相對於禪宗而言，大圓滿還有本來清淨見，而禪宗的不立一切見，是連本來清淨見都要破掉了。

所以這兩者，還是有不同之處，但就相對性的立場而言，大圓滿還是不立一切見的。

不立一切見，就是不假心行，離於認識，智慧法爾自然解脫。即是一切認識，一切心行作用全部停止，本然的法爾自性，本來清淨本自解脫。

所以「法性自法性，離此無別性、自在法爾性、智慧自往然」就是如此，離開這個，就沒有其他了。不立一切見，就不再有任何見了。

在《楞嚴經》中建立了七大，七大是指地、水、火、風、空、識六大之外，另外別立「見大」，這見大即是指正見，而正見是以三法印（諸行無常、諸法無我、涅槃寂靜）爲首，以正見來領導六大修持。

大圓滿不立一切見，而直接將見大攝入其中，所以識即正見，空即正見，一切地、水、火、風都是正見，而正見也非正見，離於一切見，則顯現法爾自性。

法爾自性沒有次第、沒有分別，因爲隨顯一切即是光明，隨顯一切即是智慧，隨顯一切即是法爾解脫，即是本來清淨，這就是不立一切見，也可稱爲無見之見。

不立一切修

爲什麼「不立一切修」？

大圓滿是本來清淨，遠離一切染垢與清淨，沒有空、有的對立，真、妄的分別對待。

以修行的因地立場而言，是要遠離染垢安住於清淨；但是現在沒有垢、淨的分別，所以無垢可去除，無淨可追求；所以是不修，亦即是無修之修，這就是不立一切修。

不立一切行

爲什麼「不立一切行」？

大圓滿是離於一切次第、世間賢聖，離於一切世間的種種分別之相，所以它不立一切行。

在《維摩詰經》中提到：「非聖賢行，非凡夫行，是菩薩行。」這個觀念與此不全然一樣，但是可以做一個相互比較。

在大圓滿當中，是沒有次第可言，沒有世間，沒有賢聖，沒有一切相對的，沒有有與無，是無行之行、無修之修、無見之見。

不立一切果

爲什麼「不立一切果」？見、修、行三因不立，所以無果可證。既然沒有因，哪會有果呢？這個果就是離因之果，非因緣性，非自然性，離因之果是本然具足，所以是無果之果。

在見、修、行、果上具足這四個特質：不立一切見、不立一切修、不立一切行，不立一切果。如果能掌握這四個特質，就比較能夠掌握大圓滿的根本特性。

大圓滿的肯定四原則

此外，我們再從另一個面向來看大圓滿所具有的肯定四個原則——自生、自顯、自解脫、自然。

自生

什麼是「自生」？

大圓滿代表一切本具，本來清淨。《六祖壇經》有言：「何期自性，本自清淨！何期自性，能生萬法！」這句話可用來了解大圓滿的自生自顯義。一切本來具生、自生自足，自性能生萬法，萬法一切不離自性。

在《楞嚴經》中亦提到法性、光明的覺性本身，是離於一切的，非地、非水、非風、非火、非識、非一切。但它的妙用，卻能夠出生法界一切，一切都是由它所出生。從這點來看，立大圓滿見，證入大圓滿的時候，就掌握到法性的本體，一切現前大圓滿，一切都是自生，不離於此。

所以光明當然也是自生的。當我們成佛的時候，在佛不增，沒有成佛的時候，在佛不減，一切都現前本具。

曾有人說，修大圓滿和禪宗比較安心，因爲我們不會因得罪了某人而不能成就佛果。有人會害怕得罪了釋迦牟尼佛或阿彌陀佛，因而不能成就；有人害怕得罪了上師，因此不能成證佛果。在大圓滿的境界中，這一切都沒有關係，沒有問題。因爲我們所受的法恩，是由整個法性、整個大圓滿而來的恩德。

所以我們所傳承的，是法性、法身的傳承，心中現起法性圓明的時候，就接受了這法性的傳承，也就有大圓滿灌頂。這大圓滿灌頂不只是上師的指示而已，而是法爾自在解脫。

既然得致大圓滿的灌頂，或許會生起：是否不必依止上師的想法，依緣起而言，上師爲我們灌了大圓滿灌頂，但是進入大圓滿者到底是誰呢？

大家要了解，當我們進入大圓滿時，必須有一個方向來導引，因爲進入大圓滿時，是全部都是一如的，就連引導我們進入大圓滿的上師，也一同融進去了，因爲上師也是法性所顯，所以可以說是自授灌頂，連上師都不是實際存有。

因此，在《喜金剛本續》說：「說法者我法亦我，一切聽法大眾皆是我，圓融自在大圓滿。說法者我法亦我，聽法大眾亦是我，灌頂我者亦為我，一切法性自顯現。」這是站在最終果位的立場所講的。

但是如果說這是「我的境界、我的見地」，這就違越了。我們要經過修持，才能到達「是法住法位，世間相常住」的境地。問題是當我們住於法位時，要說我們要經過修持才能到達，如果勉強如是宣說，也是一種方便，而非究竟義。

如「十方三世同時炳現」亦是方便的說法，這不是究竟第一義諦；若就第一義諦的本位來說，亦即就成佛的意義來講，就不能講有佛可成，因爲一進入佛的境界，就無實無有佛可成，但在未入佛境之前，則有佛的境界可成，所以大圓滿法爾自生的灌頂亦如是。

自顯

什麼是「自顯」？

一切光明大樂、普遍的輕安覺受，法、報、化三身，還有諸佛菩薩、一切護法空行所顯，一切境界，一切清淨法界，一切淨土等都由大圓滿自然所顯現。

在此要注意，大圓滿不是由修行所顯，是自然顯現，在立場是不同的。我們講極樂世界是由於阿彌陀佛的願力、和他清淨的淨業所顯；但就大圓滿立場來講是由法性、法身所顯，是由整個大圓滿境界所顯。

就阿彌陀佛顯現極樂世界來講，他爲什麼顯這種形狀？是他的願力所構成，這是立場的不同，所以說，經典的説法是從各個不同立場來說明。

又一切凡夫聖賢的境界，都是大圓滿自然顯現；亦即在大圓滿自然顯現上，能夠顯現出一切聖境。這能證明所顯的一切皆是大圓滿的緣故，所以能夠不假修證，自然顯現，從本以來，清淨圓明不曾染污。

自解脫

什麼是「自解脫」？

「本解脫故本無修，自解脫故無對待」，因爲從本以來，即是解脫的緣故，所以沒有任何修證；因爲自我解脫的緣故，所以並沒有任何對待。自我解脫是當下自體的解脫。

「赤裸解脫無見地」，沒有根本的見地來解脫，而法身亦赤裸顯現，完全是赤裸的，沒有一絲一毫的見地來導引。

「遍解脫故無勤有」，因爲是普遍的解脫，不是只有一部分的解脫，所以不需精勤地來修持，這就是自解脫的境界。

所以大圓滿的解脫是不需特有的行持來解脫的，一切法本來無縛。

自然

什麼是「自然」？

這自然和普通的自然界的自然是要區分開來的，這自然指的是法爾如是，不假功力，常處果位，常具妙用，任運自在如如。因為純任自然，所以常在真如境中；一切是如來，無所從來，無所從去，一切本具，法爾如是，不假功用，是法住法位，常具妙用，任運自在。

之後再把遮除及直顯的特色兩者融合起來，在《蓮師大圓滿教授勾提》裡描述了其境界——「見在自生自顯中，修亦自生顯莊嚴，行在自生自顯中，離於斷證之果者，自生自顯自圓滿」。離於斷證之果者，是圓具本然大果；自生自顯自圓滿就是離於斷之果；而見在自生自顯中，見地自然自解脫；見在自然自解脫，修亦自然解脫性；行在自然自解脫，自然自顯自圓滿這是等同其意的。故而二者在此得到匯通了。

大圓滿的四種果德

我們可從大圓滿，來觀察它所具有的獨特果德。大圓滿有四德，即是無實、獨一、任運、廣大。

無實

無實具有外與內兩重特性：外則不具實有的本體，一切如夢幻泡影，甚至連如夢幻泡影的執著都沒有，一切趨於光明的體性中；內則無人、法二執，沒有「我」的執著，所有一切顯現都是無實，如陽焰、如谷響，連境界都是無實，一切果地都是無實，這是外內雙重的無實。外內雙重的無實，即是大圓滿自身證量的自顯，一切現證，一切顯現。

在《蓮師大圓滿教授勾提》的偈頌中有「法爾義中皆無實」，或「法界大種無實境」，種種景況都是如幻無實。所以內無實是內無執於我，即心所顯一切，即心所證境；外無實者，一切外境所顯皆虛幻不實。

廣大

在《蓮師大圓滿教授勾提》中所說的「廣大週遍大悲心，無性顯現如水月」即是「廣大」的展現。這廣大並非與狹小相對，而是在小中能見大，狹中能見廣；就如同在《十玄門》中的廣狹自在無礙門，能不壞一塵，而廣含十方刹土；亦是芥子須彌的境界，即廣即狹，即大即小，無有障礙。

而且悲愈大則智愈大，智愈大則悲也愈大，二者相輔相成，所以廣大亦可說「廣」是悲，「大」是智。

獨一

獨一或可稱爲唯一，是離於一切對待，也非離於一切對待的。獨一、唯一，有時用不二來講，因爲怕「一」也落於言詮當中，其實它是「不一、不異」、純然一體。

獨一是獨舉其境，純然是統一的；但在純然統一的時候，不能離開它而來談它的統一，所以用否定面來講，它是不二的，二者具有同樣涵義。

「獨一」有時會被人所執著，認爲「獨一」的境，是「純然惟一」。如果我們心中另外現起有純然唯一的感覺時，這就是兩個心念了，而非獨一，如同文殊心中現出「我是文殊」的時候，已經有兩個文殊了！所以「文殊非文殊，乃名真文殊」；如果「文殊爲文殊」的話，即是二文殊。

在獨一的境界時，是不會有獨一的心念現起，而是純然。這不易分辨，當我們到了這個境界的時候要加以注意。

任運

任運就是不起任何作意，不起任何心意。就像在開車時，開始發動時用一檔，之後轉二檔、三檔、四檔，走在高速公路上就以四檔滑行前進；又如飛機起飛到一定程度時，只要保持一定航速，就可以平順的航行。

上述這些狀況都是在有地心引力的情況下發生，但如果沒有地心引力，沒有任何吸力，飛機還會不會一直飛？試想在一個沒有任何引力的地方，將筆丟出去它是不是會一直飛過去？任運的狀況就是如此。

這種任運，是不執著於任何一境，所以五毒、五智，一切染淨對立消除，都是自在任運。

大圓滿的四項實修方便

在《蓮師大圓滿教授勾提》中，陳上師為具信之初學者，提出了大圓滿的四項實修方便法：

出離

這出離並不同於小乘的出離，它必須行大圓滿九斷法，而九斷就是身、口、意各具三斷。

身三斷即是外斷俗事，如各行工作等；內斷經行、繞佛、跑香、拜佛等；密斷定功姿勢上亂動等。

語三斷即是不與外人交談，內斷念經持咒、密斷自言自語。

意三斷即是外不起妄念散亂，內不作領恩本尊之外的其他一切本尊觀，密不觀心修空。

領恩

即先佈置蓮花生大士像，並於像前禮拜，殷重懺悔業障罪重，不能具足大圓滿，請蓮師慈憫護佑，後觀想蓮師首肯，並領請如昔移喜措嘉師母一樣的法恩。

安住

在心中不思惟是否領恩，不希求速得大圓滿證量，亦不作妄想，不期待，不觀察此是大圓滿非大圓滿；但平常時時刻刻，無不於寬坦心量上，放下一切，任其自然而安住之。

放鬆

「鬆」不是凡夫放逸身心的狀態，而是在心生起執著之時，將此緊張的心放鬆；「放」亦不是凡夫放縱的心理現象，而是在空明寬坦的定境上，及無著無思不二的心境，完全放下。猶如海綿一般，在壓力消失時，身心自然放鬆。

當我們完全了知大圓滿法的義理時，初期在修持上不會感覺有多大的變化，但是慢慢地整個心的轉換程度會加速，以後甚至在閱讀的時候，能直接領納經上證量的文字，並進入經中的境界，但絕不是故意去進入，而是自己的心自然能空掉，而能讓經中的境界在心中自然顯起，馬上得到證量。

黑關修法簡介

在《曲肱齋》㈢中有一篇「大圓滿法界心、中心黑關引導、唯讀即可成就事業」。這即是只要讀誦、只觀看即可成就的事業，這是貢噶上師所傳授的殊勝法門。

以黑關來修證大圓滿，黑關的關房有其特殊的作法，詳細請看《曲肱齋》㈢。

黑關的修持，就是「七日成佛法」，本文只是跟大家介紹簡單的觀想法，只是加行，並不是正修。等大家將來有所成就時，再來修持正修。

中國歷來修持「黑關」法門的人，在記載上，都沒有人成就。

如果沒有修持「且卻」和「妥噶」，不能直接閉黑關；要閉黑關前須先閉白關，白關從字面上就可以了解：是可以看到光線的，黑關則是黑漆漆的，直接閉黑關可能會出問題。

什麼是「且卻」和「妥噶」呢？例如現在說：「你是佛！」你相信嗎？或想相信卻不敢承認？這是因爲我們有凡夫見，不敢承擔自己是佛，不敢承擔又不肯放棄，但總算硬著頭皮承擔：「原來我是佛啊！」「喔！好高興啊！」

但不要高興的太早！這時常會生起我慢：「既然我是佛，大家怎麼不來拜我？」

這就是生起我慢，卻未思惟：假若我們是佛的話，每一個眾生當下都是佛啊！如果只有我們是佛的話，還是凡夫見，而不是光明立斷，只有斷掉一切凡夫見，發覺原來眾生本來就是佛，才知道：「哎呀！原來大家都一樣了，大家都平等！」

且卻（立斷）就是斷除凡夫見的現證。

妥噶（頓超）即斷除凡夫見解之後，頓超佛地，本來成佛，當下承擔！

凡夫見沒有了，頓然超入於圓滿的境界。

其次，要行九層作業，就是身、口、意各具三層——外、內、密。外斷世間雜物，內斷禮拜繞佛，密斷除一切散亂行為，這是屬於身三層的。口外斷世間雜語、內斷念誦禪課，密斷除一切言語、自言自語，即為口三層。而意三層是外斷世間的雜染分別，內斷生起圓滿的執著心，密斷除一切散亂妄念。

大圓滿心中心黑關觀想次第

首先，我們「敬禮一切諸佛共顯，具德上師正士足前」！

再來，「智慧獨眼具無垢」，智慧獨眼具足無有染垢，觀想自己的天靈蓋像海螺的宮殿，由外向內不看，無自性的由內向外而看。向眉尖白毫處，有忿怒的智慧之眼，天青色，以五色光旋繞，這時注視螺宮內部，於螺宮另一端，現起鮮紅色的明點，像碗豆一樣大。

自己天靈蓋的海螺越量宮，像倒覆的水晶碗一樣。眉心有智慧忿怒的眼睛，天青色，以五色光明旋繞。

再來觀想後腦有洞，大如麥桿。眉心是紅明點，後腦是白明點，都有五色光旋繞。

後腦有洞，大如麥桿。眉心是紅明點，圓動忿怒，觀自身的心輪中，有四十二尊寂靜。

心上的父寂靜尊有眼脈，眼脈像白絲線般相連，由自己的心直達眼珠，自生自顯，由心放光，直射於頂光，到前額、腦後，到右耳、左耳。光像蛛絲一般，旋繞在行者頂上海螺宮上面，彼此上下互相觀看。

觀想我們的心像紫色的摩尼寶珠一樣，在紅紗的帳蓬當中，摩尼寶珠中有天青色的明點，外面五色光旋繞。

後腦左右有兩個眼睛，沒有滯礙，後腦中間也有一眼。前有三眼，後有三眼。腦後有三個圓眼，和額前的三個眼睛，彼此互相對看。

在我們頭頂的海螺宮內，有五十八飲血忿怒尊，做飛揚、跳舞貎，眉尖白毫處有天青色明點，以五光旋繞。左右兩耳背也開兩個洞。

左右兩耳背的兩個洞，轉成兩個眼睛，與前後六個眼睛共有八個眼睛，彼此凝神對看。

看的時候，一一相遇在螺宮裡面，放出虹光，五色的虹光遍滿一切剎土，及自身內外一切處。

身內的一切地方，從頂到足心、耳尖，滿佈以五智光明為自性的智眼，於身界上彼此互相視，光如蛛絲身如網，像濾茶的茶漉一樣，佈滿圓眼，一切的脈，本尊勇父空行，聚集在一起。又於後腦洞中，觀想明點，以五光旋繞。

如紫色摩尼的自心，上面有一個玻璃圓蓋，像打開的門一樣，有一個紅色的眼睛向上看。

海螺宮的八個眼睛向下看自心上的智眼，心上的智眼也看螺宮的八個眼睛。

再觀察螺宮像倒覆碗的正中心，有白色威光具足的智慧眼睛往下看，心眼往上看。

現在觀想在心上面有一個明點五光旋繞。在自心白色的八瓣蓮花當中，有天青色的明點，五色的光明旋繞，自己的天靈蓋海螺宮中，具足五色光明，互相交集，彼此互相放射。上、下兩個眼睛彼此放出三千大千世界的飲血忿怒飛揚舞蹈。

在自心的紫色摩尼當中，在蓮花、月、日座上，現起無量光佛，身紅色，手結定印、托缽。身之內外光明瑩澈具亮無礙。

事實上修到最後，自己體內會有光時，已是引外色入內色了，這時才能閉黑關。在此只是簡介黑關修法而已，其詳細內容可看陳上師的著作，而要修此黑關者，除了本身的機緣成熟外，應找具德上師指導，不可盲修瞎練。

第九章

將修行融入生活

生活瑜伽

生活是一種現象，也就是佛法所說的「事」——事相。

當我們每天清晨從睡夢中醒來，就宛如剛從無明愚癡中反轉覺醒；在睜開雙眼的剎那，就如同佛陀爲眾生開啟了佛的知見。

眾生自身具足了能見的體性，此種「能見」的體性，就是「修生光明」，而整個世界即是光明法界，也就是「本有光明」這本有光明與修生光明相應，即是「子母光明會」。

我們一天生活的開始，也就是我們投入法界生活的開始，不僅只是投入宇宙中的現象，同時也與其理交互相應，這就是所謂的瑜伽。

瑜伽就是一種理上的無礙，就是相應之意，子光明與母光明相應，自身生命與法界生命相應，自身的修生光明與法界本有光明相應，始覺之力與本覺之力相應，自身的修證智慧與佛智相應，這就是瑜伽。

而生活瑜伽，就是要使生活中緣起所成的生命現象，與法性交互映成。簡言之，就是要使「理」——瑜伽，與「事」——生活，理事二者圓融無二，讓生活有根本的精神意義與依憑，不再只是賴活下去而已。

生活本來就是在法性中自然地出生，就是一個現前大緣起，現前的喜樂，每天早晨醒來，就是生活「相」的開始。

當我們睜開眼睛，與理相應時，就不再只是肉體上的覺醒，我們的心也覺醒了，心與身全部融合，法界的「事」與「理」相應，生命本身就產生了意義，不需要再去另創生命生存的意義。

從起床梳洗、吃飯、上班、下班到回家，這整個過程就像是我們從一個小淨土到另外一個小淨土，整個生活就是一個大淨土，周遭的人都是諸上善人俱會之處，一切人都是佛菩薩，這樣的生活才是真正的瑜伽生活。

生活瑜伽最根本的妙意是來自《華嚴經》的〈淨行品〉，「行」是生活，「淨」是瑜伽，清淨的生活，就是「淨行」，就是瑜伽的生活。在華嚴是說「理事無礙」的境界，理與事相應。此又可分爲「瑜伽生活」與「生活瑜伽」兩個層次，瑜伽生活，就是以瑜伽來生活，也就是清淨其行。

如何「淨」法？不即不離就是「淨」，「淨」不是斷除，不是潔僻，而是要參與其中，而不斷昇華。

因此，我們不必拒絕生活的任何一部分，有了拒絕就無法普遍；不普遍就無法清淨；無法遍入一切，就無法產生菩薩的大悲力、大願行。

我們要淨行，在何時何地都要發願，不但要發願，而且要實踐，不止要實踐，還要使其不斷地、無間相續地生起，逐步形成理事無礙的生活。淨行之後，漸漸達到行淨，就如同觀佛身，最後仍要作觀，入定，修三昧，入三摩地，到最後不是入定，而是定心印我，三摩地現前，悟境現前，此時我們就開悟了。

行住坐臥任瑜伽

悟本在此，佛不必觀自身是佛。到達這個階段，即是「生活瑜伽」，生活自然是瑜伽，不必再依理作意，本來即是無礙，這是華嚴「事事無礙」的境界，一切生活瑜伽也就是海印三昧，即是如實體現法界生活、如來生活、大菩薩的生活、整個普賢行的生活。以上可以用下面的偈來說明：

吾等作意以觀佛，甚深了悟心作佛，
諸佛無心不可得，行住坐臥任瑜伽。

首先，我們要「作意以觀佛」，這是「事」，而在「理」上，我們「甚深了悟心作佛」，也就是了知「是心是佛，是心作佛」的道理，如此在「事」上才能「吾等作意以觀佛」。

事實上，諸佛是「無心不可得」，不用作意，也不用「了悟心作佛」，是無作、無相、無住、任運、無念，所以「行、住、坐、臥任瑜伽」，自然就在瑜伽裡，不必分辨是「瑜伽生活」或是「生活瑜伽」，自然生活就是瑜伽，到達事事無礙的境界。

剛開始第一層，我們要作意，照顧好生活的每一個細節，再進一層，我們要了解生活依恃之理，重新創造生活的意義，具備了法性的意義，再以瑜伽生活來淨行，使理事圓融，而後自自然然任運廣大，自在無比。「無修無證本來佛」便是此意。

生活瑜伽主要提供瑜伽行者配合日常生活作息的瑜伽修法，使行者在一天廿四小時中都能精進於菩提道上。

從早晨睜開雙眼開始，到晚上就寢，甚至在夢中都能精勤修習不間斷，宛如燒開水一般，火雖不旺卻不曾斷過，持之以恆，自然成就現前。

此章內容以普賢菩薩的〈淨行品〉爲主，並配合密教行法，作爲行者日常修習的參考，以期使行者從「淨行」的聞思薰習的初步實踐，到達事事無礙，自然「行淨」的境界。

一日一生

身爲密行者，日修日瑜伽，夜修夜瑜伽，即使在睡夢中亦精勤修行而不放逸。每日起床之際即繫念著眾生，願隨著自身從眠夢中覺醒，眾生的一切智慧也隨之覺醒，廣大地作用，遍及十方，護念一切眾生。

有的瑜伽行者，甚至觀想空行母手持法鼓，將行者喚醒，或是自心中作是念：「一切有情正等著我去度化，我不應貪多睡眠，應快速起床，承擔如來家業。」

有的行者則想：「諸行無常，我能從睡夢中覺醒是何其幸運！我應充分利用清醒的時光。」

在睜開雙眼之前，可先做一次深而長的呼吸，再做幾次急促的呼吸，使空氣得以貫穿腦部，清新心靈。

如果本身眼部的功能不是很好，可以做眼部運動——閉上雙眼，將眼球左、右各轉三次，然後揉內眼角、外眼角，再將眼睛睜大，注視天花板。有的行者則加誦「**禮敬日神，禮敬月神，禮敬光明**」之語，以求迅速治癒眼疾。

日出海印

起床後，緊接著必須快速的盥洗、更衣、妝扮。

這時，我們要如何發願、觀想呢？

如廁時，我們可發願，願眾生捐棄貪、瞋、癡三毒，除去一切不善之事，完畢之後沖水、洗手時，願眾生得清淨水，受持佛法。

洗臉時，願眾生得證清淨法門，永不蒙塵垢染污。

穿著上衣時，可發願眾生皆能獲得殊勝善德，到達法之彼岸。

整衣、束帶時，願眾生檢束善根，不使其散佚。

妝扮時，願眾生捨棄種種虛假僞飾，得究竟真實。

我們也可以觀想己身所得之衣物，皆是護法護持，應好好珍惜，並願一切眾生都以毅力和悲心爲甲胄。

刷牙時，可觀想法水洗淨自身因四種惡言（妄語、綺語、兩舌、惡口）所造之業，祈願不再與人爭吵、口出惡言，今後只出愛語及誠實語。

修臉、刮鬍子時，可觀想自己正在斬斷煩惱之根，願眾生都能清淨梵行，皆爲法師。

刮淨、洗臉時，可觀想自身與眾生的惡業都一併洗淨，同霑法益，發無上菩提心，乃至成道。此時亦可誦咒：Om sarva tathagata abhikinkata samayasihahum svaha。

如廁小解時，除了前述的觀想外，也可念誦咒語：Om o mu dsaaha libe svaha，將不淨物轉成甘露，供養糞池中眾多苦惱鬼、餓鬼。

如果是大解，也可念誦咒語：Om o bidsa aha libe svaha，並觀想，就如同自己所修習的諸多咒語可以清淨身心一般，願此身能因供養餓鬼而得清淨。

穿鞋或早晨臨下床時，可誦咒：Om kapila kon svaha，以免小蟲子被踏死，或有被踏死者也能因此咒力轉生淨土。

菩提道上

出門之際，我們可發願，願眾生深入佛智，永遠出離欲界、色、無色界，不再繼續流轉生死大海。

走出家門，步入道路時，願眾生能行佛道，趣向無餘之法。

上路後，可發願眾生皆得步上清淨法界，心中無有障礙。

行進時，可觀想上師坐於行者頂上、肩上，應抬頭挺胸，不生妄念；同時發願：願眾生行於菩薩道上，與我同證菩提。

上樓或登高時，可發願：願眾生不論處於菩薩道上的任何一階段，心中皆不退怯，而下樓時則可觀想：願諸佛倒駕慈航，普度眾生。

若見升高之路，可願眾生永遠出離三界，心中無有怯弱。

若見趣下之路，則願眾生其心謙下，增長佛性善根。

若見斜曲之路，則願眾生捨棄不正道，永除邪惡的知見。

若見筆直大道，則願眾生心中正直，無有諂曲矯誑。

若見危險之路，應願眾生安住於正法界，遠離一切罪惡災難。

若見路上多塵埃、垃圾，應願眾生遠離塵垢，獲清淨法。

若見路上非常乾淨，則可發願：願眾生常行大悲，其心潤澤。

路上若看見碎玻璃、障礙物時，應盡可能將其移開，並願眾生在四聖道上無有障礙。

不論是自己開車或乘坐公車，都可將車輪觀想爲法輪，不會傷害任何人，並可誦持Om mani padme hum（六字大明咒）咒語，且願此輪即使是連小昆蟲、小動物都不傷害。

如母眾生

眾生如母，如母眾生，現觀瑜伽，惟報母恩，
三世不斷，微妙相續，大恩德故，現前佛觀，
眾生前立，忽憶母恩，悲心如實，母子相憶，
子母光明，交注相生，映攝海印，成金剛喻，
眾生立前，如佛恩續，現前淨土，菩薩恩憶，
會歸瑜伽，法性習湧，寂然常住，法性盡地。

日常生活裡，我們會接觸到各式各樣的人，此時可以如偈頌所說，以報母恩之心觀想、發願。

看見裝扮得宜，令人賞心悅目的人時，當願眾生具足佛陀的三十二相、八十種好等莊嚴；看見樸素、不作打扮，甚至儀表不事修飾者，當願眾生捨棄各種妙好飾物，具足頭陀行。

若見到樂著某事物的人，當願眾生能以法自娛，歡樂不捨；見到沒有任何樂著者，當願眾生有爲之事，心無樂著。

看到歡樂的人，當願眾生常得安樂，樂於供養佛陀；若遇到苦惱者，當願眾生獲得根本智，滅除一切眾苦。

若看到身強體健者，應願眾生趣入真實智慧，永無病痛苦惱；對有病纏身者，當願眾生了知色身空寂，莫要因身之病痛再生起餘之惡法。

看到五官端正者，應知此人是對諸佛菩薩常生清淨信心而來，所以當願眾生對佛菩薩常生淨信；如果看到面貌陋者，也了知這是宿行不善所得之果報，所以當願眾生於不善之事不生貪樂執著。

看見知恩圖報者，當願眾生能了知佛菩薩的恩德；若是見著忘恩負欺之人，也要願眾生不記他人仇恨，不加報復。

如果看到出家人，當願眾生心性調柔寂靜，畢竟第一。

見到王者、總統時，應願眾生能做大法王，恆轉正法輪。

如果見到智慧的長者，應願眾生善能明白抉擇正法、非正法，不行邪惡之法。

如果看見大臣、高官，應當發願眾生皆能恆常守護正念，習於施行眾多善法。

如果看見老人或垂死之人，行者應該善自警惕，了知自己也終有死去的一日，因此莫忘努力精進。此外，行者可以念佛，或是修頗瓦法來幫助臨終者往生善道。

如果行者本身具足醫護常識，那麼對病患不僅可以實行如前文所述的觀想，還可以直接地幫助患者，或是誦念《救護經》來幫助病人。

歸如來家

如果行者居家時，應該了知；家也是因緣聚合性空，不應貪戀執著，受其逼迫，也願一切眾生能如是了知。面對父母時，當願眾生奉事父母如奉事佛陀一般，並護養一切。參加家族聚會時，當願眾生都能視怨仇、親人平等，遠離貪著。

洗塵除垢

洗澡時，將入水之際，當願眾生趣人一切智，了知過去、現在、未來三世平等。清洗身體時，應當願眾生除去身心污垢，內外光明潔淨。

如果正值炎夏，應當願眾生能捨離一切煩惱，暑氣退去之後，當願眾生得證無上法，究竟清涼。洗腳時，當願眾生具足神足力，所行皆無障礙。

禪悅為食

飲食在現代人的生活中佔有極重要的一環，只是現處這個富足的社會，人們已不再擔心糧食短缺，反而擔心營養過剩、膽固醇過高等等。由於現代的飲食趨向精緻化，大家也非一定要感到飢餓才吃飯，廣告的刺激、味美的誘惑，都會讓人忍不住想大快朵頤一番。

現代的瑜伽士在享用飲食之際，應該如何觀想、發願呢？

《華嚴經》〈淨行品〉中如是記載：

如果得到美味的食物，當願眾生：滿足心中之願，不再有其他欣羨、欲望。如果食物普通的話，那麼應當願眾生都能獲得各種三昧之味。如果吃到柔軟的食物，應當發願，願眾生都能爲大悲所薰習，心意柔軟，吃到粗澀的食物，當願眾生心中無有貪著，斷絕對世間的貪愛。

在吃飯之前，應當發願，願眾生皆能以禪定的喜悅爲食，法喜充滿；在用餐時，當願眾生都能得到諸佛之上味，甘露圓滿具足；吃飽飯後，當願眾生所作之業皆已成辦，徹見諸佛之法。

另外，在吃飯之前，我們可先供養佛陀，甚至加以觀想：「今天能好好地坐著吃飯，下一刻可能未必如此吧！」這可以激發行者對生命無常之感受。

在享用餐飲時，可將食物看成是使行者色身得以強健，使行者努力精進修行的良藥，但是如果只是貪取美味享受，那麼這個良藥也會搖身一變，成爲毒修行藥。

有的瑜伽士甚至會在進食之前作如是觀想：「今天我所吃的任何飲食都是爲了做爲證入空性及修習六波羅蜜的前行，使身心安穩，禪定功夫日進，使修行綿綿密密，便能自行聚集福德資糧。」

如果飲食是由施主供養的，或是父母、妻子爲自己準備的，我們還可以發願：「願以一己之功德，化解供養者煩惱的業力，使其轉爲善業的基礎，離苦得樂。」

金剛乘的行者在接受飲食時，通常會禮誦供養咒或是一般的金剛誦（嗡啊吽），誦此咒時，可觀想：OM嗡——將此功德普皆迴向一切法界眾生，AH啊——淨化一切有情眾生，HUM吽——使此一供養以倍數增加到無窮、無盡、無限大，以禪定力及密咒將食物轉爲甘露。

如果去餐館時，也可以念誦此咒救度死去的牲畜早日從惡緣中解脫，轉生人道。甚至在持咒後發願：「願我向一切有情說法，令彼等早日斷滅生死輪迴，願有朝一日證得涅槃之後，由於此業緣之故，這些畜牲都成爲我座下之弟子，共證無上菩提！」發起此願之後，行者如何能不努力精進呢？

已故的瑜伽士陳健民上師曾提到他個人的經驗：

「我在巖居的這段時間，幾達絕食之境，一天只食一、兩顆米。一日，有位遠親老遠打從五十里之外送來了一碗滋味上好的牛肉，當時，我立刻置身於一片貪欲的誘惑中。然後我嚴正地警惕自己：修禪何用？第一道考驗就衝不過，如此又與一般薄地凡夫何異？於是，我斷然地、嫌惡地將那碗上好牛肉扔擲於桌上，棄之而不顧了。即使是徹底出離於超世間的穴洞裡，隱士還是可能受到來自世俗的供養，所以必須徹底地摧毀自身的貪欲、善持戒律。」

這個小故事，對有志於閉關專修的行者有所啟示。

遊戲自在

在娛樂時應如何發願呢？

如果我們在受用五欲的快樂時，當願眾生拔除五欲的毒箭，身心究竟安穩；如果是朋友聚會，或是觀賞戲劇、看電視時，當願眾生皆能以佛法自娛，了知一切非實有。

舉凡看電視、電影而言，現代的電視、電影技術都很進步，聲光效果很好，甚至有三百六十度、立體電影，讓人有身歷其境的感受。

但是大家可曾想過，這看似連貫一氣的動作，是如何製造成的？它是一格一格的底片，將每一個動作細細分解，經由快速地放映，串連而成。另一方面，片中的導演，就宛如操縱整個戲的上帝，戲中的角色都必須依照導演的指示來進行演出。如果我們的心投入其中，隨著起伏不定，無法自拔，那麼是否也被他操縱了？再退一步來看，我們的生活不也是如此嗎？被各種人事紛爭帶得心緒起伏不定，無法跳脫，不也是像劇中人一般嗎？

如果我們了悟到這一切都是如幻的，就可以跳脫這種制約，並可以輕鬆地參與它——無論是劇中劇，或是自身這部戲碼。我們的日常生活，其實就是一場角色扮演，是無常的，看來似乎是完整的劇情，其實卻只是角色變來變去。

看電視、電影，要以不即不離的心來看，了知其是幻化的、不實的，但才可以產生實際影響的力量。因爲它不實，所以從電影院出來後，一切就結束了，但我們也不是不投入，不投入就不會去看了。如果入戲太深的話，那麼又應驗了一句話：「演戲的是瘋子，看戲的是傻子。」

有的時候，演員入戲太深，以致活在戲中的世界，回不來現實生活。我們有時候不也是如此嗎？把某些事看得太重，而「入戲太深」？

影片可以使人輕鬆，從法性來看，一切都是平等平等的，虛幻的一切串連在一起，就使我們的心跟著起伏奔動，或悲、或喜、或樂，真是令人感到不可思議！

在我們投入的同時，要記得切勿被其所控制，要看清楚其實相，不管戲演得好不好，我們都是以很輕鬆的心來參與它。從法性上看放鬆，戲也可以讓我們放鬆，看完戲之後也讓我們看清這個世界的實相，如果看電視、電影時，能了知其如幻的體性，它就變成很好的法——不論戲的好壞。

光明入夢

在就寢時，我們可以發願，願眾生身得安穩，心無動亂。此外，行者也可利用睡眠時修習「大手印極近加行」：

首先，將身體躺平，兩手兩腳自然張開，雙手輕握智拳（餘四指輕包住大姆指，大姆指尖輕觸到無名指）。身、心完全放鬆，從頭部、頸、肩、兩手、驅幹、兩股、兩腿、兩足，逐次放鬆，從最易感覺的骨幹，到外在的表皮，透到內藏，完全放鬆。

想像自身躺在綠草如茵的山谷裡，上有萬里的晴空，而不是限於臥房的空間，身心極度放鬆、喜悅，慢慢化成水，融入草地，身體完全消失。

接下來，草地也消失了，宇宙間只剩下萬里無雲的晴空，從中放出無量無邊光明，宇宙間充滿無限光明，宇宙間充滿無限光明，此時，過去心不可得，現在心不可得，未來心不可得，念念無住，所有的念頭都消失了，整個宇宙就宛如無窮的水晶，充滿光明——安住在光明中入睡，直到早晨醒來之前，再觀想無雲晴空浮現，慢慢地，草地，山谷也浮現了，接下來自身出現在草地上。

綠草如茵的山谷，萬里無雲的晴空，慢慢化入心中，讓心慢慢恢復到平常狀況，眼睛睜開，以右手緩緩將身撐起來坐起。

恆修瑜伽

如果每天都能有個固定的專修時間是很幸運的事，我們可以在上坐之前，先念佛、念法、念僧、自皈依佛，當願眾生體解諸佛大道，發無上菩提心。自皈依法，當願眾生深入經藏，智慧如海。自皈依僧，當願眾生能統理大尊，使其如同僧團一般和合，一切無礙。

正身端坐時，當願眾生坐菩提座，心無執著，盤腿結跏趺坐時，當願眾生，善根堅固，證得不動的境地，修定之時，當願眾生以定力扶心，究竟無餘。如果是修觀時，應願眾生徹見如實真理，永遠沒有錯謬之見。下坐時，當願眾生徹觀一切法皆有散滅之時，伸足著地時，當願眾生心得解脫，安住不動。

在《維摩詰所說經》裡的維摩詰居士，是實踐生活瑜伽的最佳典範，在〈佛道品第八〉中有如下的對話：

爾時會有菩薩名普現色身。問維摩詰言：「居士，父母、妻子、親戚、眷屬、吏民、知識，悉為是誰？奴婢僮僕、象馬車乘，皆何所在？」

於是維摩詰以偈答曰：

智度菩薩母，方便以為父，一切眾導師，無不由是生，
法喜以為妻，慈悲心為女，善心誠實男，畢竟空寂舍，
弟子眾塵勞，隨意之所轉，道品善知識，由是成正覺。
諸度法等侶，四攝為伎女，歌詠誦法言，以此為音樂，
總持之園苑，無漏法林樹，覺意淨妙華，解脫智慧果，
八解之浴池，定水湛然滿，布以七淨華，浴此無垢人，
象馬五通馳，大乘以為車，調御以一心，遊於八正路，

相具以嚴容，眾好飾其姿，慚愧之上服，深心為華鬘。
富有七財寶，教授以滋息，如所說修行，迴向為大利，
四禪為床座，從於淨命生，多聞增智慧，以為自覺音，
甘露法之食，解脫味為漿，淨心以澡浴，戒品為塗香，
摧滅煩惱賊，勇健無能踰，降伏四種魔，勝旛建道場。
雖知無起滅，示彼故有生，悉現諸國土，如日無不見。
供養於十方，無量億如來，諸佛及己身，無有分別想。
雖知諸佛國，及與眾生空，而常修淨土，教化於群生。
諸有眾生類，形聲及威儀，無畏力菩薩，一時能盡現，
覺知眾魔事，而示隨其行，以善方便智，隨意皆能現。
而示老病死，成就諸群生，了知如幻化，通達無有礙。
或現劫盡燒，天地皆洞然，眾人有常想，照令知無常，
無數億眾生，俱來請菩薩，一時到其舍，化令向佛道。

經書禁咒術，工巧諸技藝，盡現行此事，饒益諸群生。
世間眾道法，悉於中出家，因以解人惑，而不墮邪見。
或作日月天，梵王世界主，或時作地水，或復作風火。
劫中有疾疫，現作諸藥草，若有服之者，除病消眾毒。
劫中有饑饉，現身作飲食，先救彼饑渴，卻以法語人。
劫中有刀兵，為之起慈心，化彼諸眾生，令住無諍地，
若有大戰陣，立之以等力，菩薩現威勢，降伏使和安，
一切國土中，諸有地獄處，輒往到於彼，免濟其苦惱。
一切國土中，畜生相食噉，皆現生於彼，為之作利益。
示受於五欲，亦復現行禪，令魔心憒亂，不能得其便。
火中生蓮花，是可謂希有，在欲而行禪，希有亦如是。
或現作婬女，引諸好色者，先以欲鉤牽，後令入佛智，
或為邑中主，或作商人導，國師及大臣，以祐利眾生。

諸有貧窮者，現作無盡藏，因以勸導之，令發菩提心。
我心憍慢者，為現大力士，消伏諸貢高，令住無上道。
其有恐懼眾，居前而慰安，先施以無畏，後令發道心。
或現離婬欲，為五通仙人，開導諸群生，令住戒忍慈。
見須供事者，現為作僮僕，既悅可其意，乃發以道心。
隨彼之所須，得入於佛道，以善方便力，皆能給足之。
如是道無量，所行無有涯，智慧無邊際，度脫無數眾。
假令一切佛，於無數億劫，讚歎其功德，猶尚不能盡。
誰聞如是法，不發菩提心，除彼不肖人，癡冥無智者。

維摩詰居士，通達各種方便，大願成就，明了眾生心所趨向，又能分別眾生根性的利鈍，他久於佛道，心已純熟，在〈方便品第二〉中說他爲了要度化眾生而居住在毗耶離城，並描寫他度化各種眾生的方便。

資財無量，攝諸貧民；奉戒清淨，攝諸毀禁；以忍調行，攝諸恚怒；以大精進，攝諸懈怠；一心禪寂，攝諸亂意；以決定慧，攝諸無智。

雖為白衣，奉持沙門清淨律行；雖處居家，不著三界；示有妻子，常修梵行；現有眷屬，常樂遠離；雖服寶飾，而以相好嚴身；雖復飲食，而以禪悅為味。若至博弈戲處，輒以度人；受諸異道，不毀正信；雖明世典，常樂佛法；一切見敬，為供養中最。執持正法，攝諸長幼；一切治生諧偶，雖獲俗利，不以喜悅；遊諸四衢，饒益眾生；入治政法，救護一切；入講論處，導以大乘；入諸學堂，誘開童蒙；入諸淫舍，示欲之過；入諸酒肆，能立其志。

除此之外，無論他示現於何處，從事何種行業，都是其中頂尖而受人尊敬的：

若在長者，長者中尊，為說勝法；若在居士，居士中尊，斷其貪著；若在剎利，剎利中尊，教以忍辱；若在婆羅門，婆羅門中尊，除其我慢；若在大臣，大臣中尊，教以正法；若在王子，王子中尊，示以忠孝；若在內官，內官中尊，化政宮女；若在庶民，庶民中尊，令興福力；若在梵天，梵天中尊，誨以勝慧；若在帝釋，帝釋中尊，示現無常；若在護世，護世中尊，護諸眾生。

這種了達空性，遊戲自在，積極參與世間創造的型態，可以說是實踐生活瑜伽的最佳典範。

密乘寶海4

密宗修行要旨

作　　者　洪啟嵩
執行編輯　吳霈媜
美術編輯　Mindy
出　　版　全佛文化事業有限公司
訂購專線：(02)2913-2199
傳真專線：(02)2913-3693
發行專線：(02)2219-0898
匯款帳號：3199717004240 合作金庫銀行大坪林分行
戶　　名：全佛文化事業有限公司
E-mail:buddhall@ms7.hinet.net
http://www.buddhall.com
門　　市　新北市新店區民權路95號4樓之1（江陵金融大樓）
門市專線：(02)2219-8189
行銷代理　紅螞蟻圖書有限公司
台北市內湖區舊宗路二段121巷19號（紅螞蟻資訊大樓）
電話：(02)2795-3656　傳真：(02)2795-4100

二〇〇七年八月　初版
二〇一七年五月　初版三刷
定價　新台幣四三〇元
ISBN　978-986-6936-18-0（平裝）

Buddhall

Published by BuddhAll Cultural Enterprise Co.,Ltd.

國家圖書館出版品預行編目資料

密宗修行要旨 / 洪啟嵩著. -- 初版. --
臺北市：全佛文化, 2007.08
面；　公分. -- (密乘寶海系列：4)

ISBN 978-986-6936-18-0(平裝)

1.藏傳佛教　-　佛教修持
226.966　　　　96013975

BuddhAll

BuddhAll.

All is Buddha.

BuddhAll